政府预算与会计丛书

公共部门会计

［英］罗恩·琼斯（Rowan Jones）
［英］莫里斯·彭德伯里（Maurice Pendlebury） 著

王晨明 译

中国财经出版传媒集团
中国财政经济出版社

Authorized translation from the English language edition, entitled Public Sector Accounting, Sixth Edition, ISBN: 9780273720362 by Rowan Jones, Maurice Pendlebury, Copyright © Pearson Education Limited 1984, 2000, 2010.

This Licensed Edition Public Sector Accounting, Sixth Edition is published by arrangement with Pearson Education Limited.

All rights reserved. No part of this book may be reproduced or transmitted in any form or by any means, electronic or mechanical, including photocopying, recording or by any information storage retrieval system, without permission from Pearson Education Limited.

Chinese simplified language edition published by China Financial & Economic Publishing House, Copyright © 2020.

本书中文简体字版由 Pearson Education Limited（培生教育出版集团）授权中国财政经济出版社在中华人民共和国境内（不包括香港、澳门特别行政区及台湾地区）独家出版发行。未经出版者书面许可，不得以任何方式抄袭、复制或节录本书中的任何部分。

本书封面贴有 Pearson Education（培生教育出版集团）激光防伪标签，无标签者不得销售。

北京市版权局著作权合同登记号 图字：01-2017-6912

图书在版编目（CIP）数据

公共部门会计 /（英）罗恩·琼斯（Rowan Jones），（英）莫里斯·彭德伯里（Maurice Pendlebury）著；王晨明译. ——北京：中国财政经济出版社，2021.5
（政府预算与会计丛书）
书名原文：Public Sector Accounting
ISBN 978-7-5223-0263-8

Ⅰ.①公⋯ Ⅱ.①罗⋯②莫⋯③王⋯ Ⅲ.①预算会计 Ⅳ.①F810.6

中国版本图书馆 CIP 数据核字（2020）第 261703 号

责任编辑：康　苗　　　　　责任校对：张　凡
封面设计：卜建辰　　　　　责任印制：史大鹏

公共部门会计
GONGGONG BUMEN KUAIJI
中国财政经济出版社　出版
URL：http：//www.cfeph.cn
E-mail：cfeph@cfeph.cn
（版权所有　翻印必究）
社址：北京市海淀区阜成路甲28号　邮政编码：100142
营销中心电话：010-88191522
天猫网店：中国财政经济出版社旗舰店
网址：https：//zgczjjcbs.tmall.com
北京密兴印刷有限公司印刷　各地新华书店经销
成品尺寸：170mm×240mm　16开　12.5印张　155 000字
2021年5月第1版　2021年5月北京第1次印刷
定价：69.00元
ISBN 978-7-5223-0263-8
（图书出现印装问题，本社负责调换，电话：010-88190548）
本社质量投诉电话：010-88190744
打击盗版举报热线：010-88191661　　QQ：2242791300

译者序

本书译自罗恩·琼斯和莫里斯·彭德伯里合著的《公共部门会计》（Public Sector Accounting）。罗恩·琼斯教授是英国伯明翰大学会计系教授、博士生导师，莫里斯·彭德伯里教授是英国卡迪夫大学会计学荣誉教授，他们在公共部门会计领域都很有造诣，长期从事研究和教学。罗恩·琼斯教授的研究方向是地方、区域和国家各级的政府预算、会计和审计，曾任英国会计师协会主席、欧洲会计协会第18届年会主席，是比较国际政府会计研究（CIGAR）组织的创始人，2003年9月担任主席，2010年—2012年担任董事会成员。另外，他曾是《财务责任和管理》《英国会计评论》的编委会成员。

我与罗恩·琼斯教授相识是在2009年财政部举办的一次世界银行政府会计课题研讨会上。当时罗恩·琼斯教授从国际比较的视角，介绍了英国和中国政府会计的模式以及影响政府会计改革的环境、准则制定机构、改革技术等诸多因素，视角非常独特，这引发了我极大的研究兴趣。后来，获悉罗恩·琼斯教授撰写的《公共部门会计》一书在欧洲很有影响力，当时已经出版到第五版，而且他正准备写第六版。2010年第六版正式出版，我阅读后发现这本书对中国的政府会计改革非常具有借鉴意义，它并不是侧重分析会计技术，而是"跳出会计说会计"。全书视角宽广，从会计师的角度描绘作为公共部门的核心部分的整个政府、政府预算、政府会计和审计等。全书介绍了在过去的20多年的时间里，公共部门会计发生的根本性变化，而且着重从比较各国政府会计的角度，分析了政府会计、非营利组织会计和营利组织会计之间的区别和联系。全书语言流畅、逻辑清晰、重点突出，以公共部门预算为主线，深入分析公共部门的本质、绩效评价的独特挑战、会计基本原理、预算政策和过程、预算控制、成本核算、财务报告、审计以及与概念框架相关的特殊问题。

全书的阅读资料重点并不是从公共部门会计技术本身进行描述，而是将其置于更广泛的社会、经济和政治环境中理解，允许对会计技术的优缺点进行更全面的讨论。书中的每一个章节都是为本书特别撰写的，作者结合自己的专业知识，对论题和背景进行深入的分析。公共部门预算与会计非常复杂，其中充满了专业术语及复杂的程序，如果写得不好会造成理解上的障碍。但相反，作者驾轻就熟，将内容复杂的公共部门的本质、预算、绩效评价等问题解释得清晰透彻，且以书中特有的呈现方式，让读者在阅读本书时可以一目了然，不会感到很费力，还富有趣味性。

当前我国政府会计改革正处于重要的深入推进时期，已基本建立起以政府会计准则和政府会计制度为内容的政府会计核算体系。广大的行政事业单位财务会计人员只有深入理解会计准则制度的逻辑，才能更好地规范业务。同时，会计准则制度的很多内容体现了预算改革和绩效管理的要求，这些改革环环相扣，紧密相连。翻译出版这本书的目的就是介绍有关国家在政府预算与会计领域改革的成功经验，帮助财务会计人员理解公共部门领域的关键概念、原理及逻辑，这对广大的财务会计人员有效推进财务工作具有很好的借鉴意义和参考价值。

感谢我的工作单位中国财政科学研究院给予的大力支持！感谢中国财政经济出版社编辑康苗女士为本书出版付出的耐心和辛劳。本书翻译上的疏漏和不足之处，概由译者自己负责，诚请读者提出批评与指正。

译者　王晨明

2020 年 12 月

前　言

本书是从会计师的角度审视政府预算、会计和审计，尤其是政府预算，在会计专业中受重视程度不够，甚至被忽视。我们的目的是以会计师的眼光来刻画作为公共部门的核心部分的整个政府。我们通过关注会计技术的可能性来做到这一点。自始至终，我们将技术的重要性与其局限性结合起来讨论。尽管如此，本书还是依赖于会计技术的重要性。

综观历史和世界各地，初级会计和中级会计都是在营利性组织的背景下被教授的。这本书假定读者对会计有基本的了解。它是关注那些在政府中可能遇到的各种问题，即使在政府会计、非营利组织和营利性组织会计方面有很大的重叠。

第1章介绍了公共部门的性质，其核心是最终由政治家控制的政府的主权。它介绍了政府的性质、治理和公共管理、公共财政、公共资金以及会计师在公共部门中的作用。

第2章是绩效评价概述，它贯穿于政府预算、会计和审计的各个方面。它指出了会计绩效评价的独特挑战。

第3章详细介绍了会计基本原理。在所有组织中，无论是政府组织、营利性组织还是非营利组织，会计的技术基础都是一样的，但是公共部门的环境转变了这些基本原则的重点。本章还讨论了另外两种会计形式，即国民核算和政府预算，这两种形式是对公共部门会计的补充，有时也与之竞争。

第4、5、6章涉及预算编制。第4章大致涉及预算政策和过程。第5章阐述了政府预算的一般形式和相关内容。第6章关注预算控制，这是会计的一项主要职能，但可以用不同的方式行使。

第7章讨论了成本核算，这些技术在政府中的应用不如用于营利性组织，但一旦使用，会对管理者、政治家、服务接受者和纳税人产生重要影响。

第8章是财务报告。所有组织的报告标准之间都有很大的重叠，但对各国政府来说有着不同特色：预算报告、合并财务报表和特殊的权责发生制会计问题。还有一些与决策和决策者的概念框架有关的特殊问题。

第9章讨论审计。在这方面，各种组织之间也有许多重叠，但政府的特殊问题很重要：审计独立性的定义；常规财务审计以及绩效审计；内部审计和内部控制；对重要性的态度；预算审计。

每章后面都列出了延伸阅读的内容。这些阅读内容通常重点并不是从会计技术的发展描述的。一些阅读资料来自非会计文献，供会计人员在更广泛的技术理解中使用。大多数资料属于会计文献，这通常需要将会计技术置于更广泛的环境中理解，允许对技术的优缺点进行更全面的讨论。会计技术的发展往往是由会计准则制定机构或顾问（而不是学术界）推动的，这一点尤其必要。然而，会计技术和更广泛的背景很难结合，这一点是事实。我们对政府会计系统与社会、经济和政治成功之间的关系缺乏理论上的理解。延伸阅读主要是为拓宽和加深我们的理解提供基础。

本书通篇使用的说明性例子都是具有普遍性的，对于神话般的乌托邦之城来说，它们本身都是基于纯粹的会计技术问题。在乌托邦市的财务报表中，我们使用通用形式，而不是武断地强加一套特定的会计准则。这些例子使用数字，不是为了训练读者计算，而是为了使例子更有意义。文中所说的乌托邦市,不是代表一个理想的政府,而是基于理解政府会计技术的可能性和局限性想法的一个城市。我们愿意容许士兵、警察、社会工作者、教师、护士以及其他人想象乌托邦市就在地狱之口,而它的会计人员每天都要从那个地狱之地往返于乌托邦市政厅。

第六版与前几版大不相同。最早期的版本是1982年出版的第一版,从那时起逐渐有改动。第六版反映了这样一个事实,即在过去的20多年的时间里,公共部门会计发生了根本性的变化,毫无疑问,这些变化在一定程度上得益于我们所经历的信息革命。20世纪70年代以来的主要变化是,以前没有的公共部门会计准则现在有了,包括一套国际会计准则,其中一些准则是以营利性组织会计准则为基础的。当时唯一的一套公共部门审计标准是由美国联邦政府制定的,它被称为黄皮书(现在仍然如此)。然而,这实际上是一本54页的小册子。当时对会计信息的确认、计量的记录、使用和发布是偶发事件,现在它们无处不在。随着所有这些变化,政府会计、非营利组织会计和营利性组织会计之间的差异已经缩小。

这些变化还带来了对各国管辖范围内和国家之间政府会计的比较研究,因此,再也不可能像1986年一位教授在介绍国际政府会计的研讨会时开玩笑地说,"国际政府会计"这个词在他看来是一种自相矛盾的说法。但话虽如此,以英语为母语的会计仍然占据着主导地位(如果以文献数量为衡量标准),这是一个特别令人不安的问题,因为据推测,世界上大多数政府会计都不是用英语进行的。这本书在这方面没有帮助,它是以英语为母语的,因为主要是对英国和美国的一些理论和实践的概括。

罗恩·琼斯

莫里斯·彭德伯里

目 录

第 1 章 公共部门的性质 ······················ 1

    1.1 政府的性质 ······························ 2

    1.2 治理和公共管理 ························ 6

    1.3 公共财政 ································ 10

    1.4 公共资金 ································ 13

    1.5 会计师和公共部门 ···················· 15

    延伸阅读 ······································ 22

第 2 章 绩效评价 ·································· 25

    2.1 非财务绩效评价 ························ 26

    2.2 绩效评价的挑战 ························ 36

    延伸阅读 ······································ 39

第 3 章 会计基本原理 ·························· 41

    3.1 会计要素 ································ 42

    3.2 会计基础 ································ 49

    3.3 国民核算和政府预算 ·················· 67

延伸阅读 ·· 69

第 4 章　预算政策和过程 ··· 71

　　4.1　合理的控制周期 ··· 72
　　4.2　财政年度 ·· 79
　　4.3　投入、产出和结果预算 ·· 82
　　4.4　预算过程 ·· 83
　　延伸阅读 ·· 86

第 5 章　预算的形式和内容 ··· 89

　　5.1　组织结构和项目结构 ·· 90
　　5.2　资本预算 ·· 94
　　5.3　分项、递增预算 ·· 103
　　5.4　产出评价和成果 ·· 109
　　5.5　零基数审查 ·· 110
　　延伸阅读 ·· 111

第 6 章　预算控制 ·· 113

　　6.1　集中财务控制 ·· 114
　　6.2　分散财务控制形式 ··· 118
　　6.3　预算报告 ·· 123
　　延伸阅读 ·· 127

第 7 章　成本核算 ·· 129

　　7.1　组织单位、方案和产品 ·· 130

7.2 定价和报销 ··· 139

7.3 产出的增量变化 ··· 140

7.4 外包 ··· 143

延伸阅读 ··· 146

第8章 财务报告 ··· 147

8.1 财务报告公布的形式和内容 ·· 148

8.2 权责发生制会计的特殊问题 ·· 158

8.3 政策制定 ·· 166

8.4 概念框架 ·· 167

延伸阅读 ··· 169

第9章 审计 ·· 171

9.1 外部审计 ·· 172

9.2 常规财务审计 ··· 176

9.3 绩效审计 ·· 179

9.4 内部控制 ·· 181

9.5 重要性原则 ··· 184

9.6 预算审计 ·· 186

延伸阅读 ··· 187

第 1 章 公共部门的性质

会计学科的教学和学习大多数都是针对商业环境进行,而公共部门的核心说到底是由政治家控制的政府主权,这为公共部门会计提供了一个截然不同的背景。

1.1 政府的性质

公共部门的核心说到底是由政治家控制的政府主权。对于一个国家的政府来说，这种权力贯穿整个国家，包括它的经济；对于联邦制国家内部的州政府来说，权力仅限于单个的州。欧盟本身也拥有主权，但是属于超越国家政府的权力。

这种主权在各级政府中包含不同的治理要素。原则上，最高权力体现在一个人的身上，一般称为国家元首（如国王、王后、总统），然后由立法机关（议会或国会）行使立法权力；由行政机关执行或强制执行这些法律（行政首脑一般称为总理、总统、总督或州长）；由司法机关负责在法庭上解释这些法律。立法机关和行政机关（共和制政体下为国家元首）的最高权责均由政治家掌控。立法机关通常由少部分人组成，而行政机关通常由大量的政府任命官员和公务员组成。

主权政府下设地方政府，地方政府不制定法律，因此不设立法机构或司法机构。然而，地方政府的权责最终也由政治家掌控，并得到受薪职员（公务员、公职人员、官员、经营管理者）的支持。主权政府下属的各级地方政府所在的地区不同，意义也有所不同。地方政府是依附性的，而且往往完全依附于上级政府，包括在资金需求上，但是也有例外情况，比如一个特大城市就可能明显不受任何上级政府的控制。

从财政角度来看，主权政府和许多地方政府的显著区别是它们的征税权力。如果一个地方政府没有直接征税的权力，它就要接受上级政府税收成果以某种形式提供的政府补助款。税收是用来重新分配收入并提供其他

第 1 章
公共部门的性质

经济刺激的手段,但税收的主要目的是为国家治理买单:在国家层面,要为其维系与超国家政府及世界其他国家的关系买单;为行业监管买单,特别是银行、金融市场和公用事业单位;为司法系统的服务买单,如为央行、国防、教育、卫生、警察、社会服务、交通运输买单。采取的具体形式是:服务最终由税收负担经费并在服务交割点免费提供给服务接收者。这就是所谓的"公共服务"的含义,尽管在许多实际情况下特定的公共服务与税收并没有直接联系,而且服务接收者须支付某种形式的费用。

从重要性和必要性来说,尽管在一般论述中使用"政府"一词仿佛就是指一个单一的组织,可是任何层级的政府其实都是一个多组织的复杂组合体,它与国内或国外的其他组织存在复杂的相互关系。政府由立法机关、行政机关、司法机关以及各部、署组成,通常作为所有者或出资人来控制营利性实体(如国有公司、国有工业、国有企业,尽管这些企业本身可能亦有收支平衡或亏损的目标)和非营利实体(非营利组织、慈善机构、半自治的非政府组织、公共团体);政府与非营利和营利性实体是正式的伙伴关系,有时作为主要伙伴,有时作为次要伙伴;政府与非营利和营利性实体签订合同或针对它们实施政府采购。

如果试图理解现代国家的这种复杂的关系网,那么其中最为常见的一种方法便是区分私人利益和公共利益。一个极端是我们会认为每个人都拥有自己不可剥夺的私人利益,私人利益又可能以团体形式聚集在一起(如家庭、所有者/业主自我经营的公司、合伙企业、上市公司),我们将其称为私营部门。而另一个极端是我们会认同国家政府保护公共利益是不可剥夺的主权权利,我们将这样的主权政府称为公共部门。

虽然这种区分在现代国家堪称一种有益的区分,但是试图将其他所有组织都非此即彼地编入这两个部门并非易事。其中一种较为简便的办法是将某些组织纳入由非营利组织构成的"第三部门",它在服务交割点免费

3

向服务对象提供服务（因此是"公共服务"，应享受税收减免），但从根本上说，为这些服务买单的是自愿捐款而非税收。因此，第三部门有时又被称为"志愿部门"。

事实上，不同的学科反映不同的世界观，相应地对公共部门的定义也就有所不同。尽管有时难免重叠，但是政治学、公共管理、社会学、法学和经济学还是从各自学科的角度提供了不同的视角，提出了一系列概念，包括所有权、控制、税收、责任、授权和权利。如果对什么是公共部门没有达成共识，那么对公共部门究竟应该是什么存在分歧也就不足为奇了。

政府的核心意义就是控制，尽管这个词很难用简洁的方式加以定义。中央政府对国家经济、自身组织和其他低层级政府以及帮助提供服务的私营组织的控制程度，是政府性质的一个重要组成部分，这一点类似于其他各级政府组织对其自身事务的控制程度。现代政府对经济的管控范围大到对中央计划经济所有部门的集中管控，小到对私营部门的简化监管和微弱控制。

"公共部门"一词最早出现在1952年，由一位在匈牙利度过大半生的经济学家在美国撰文对比经济体系时首次使用，并将其综合划分为三类：像美国这样强调经济自由的国家；像苏联这样采用中央计划的国家；像英国和法国这样传统上强调"西方经济自由"的国家。但在过去的20年里，这些国家更多的是在"自由"和"计划"之间做出妥协。换言之，采用这一术语是为了重点关注经济体中公共部门和私营部门之间的混合。

自20世纪30年代大萧条以来，为了应对第二次世界大战后社会的重大变化，尽管美国和欧洲之间采用混合经济的程度有所不同，但是这种经济形式显著提高了政府作用。市场的明显失灵（高失业率的周期性事件是最直接的，但也包括贫富差距的扩大）提供了清晰的内在驱动。经济学分析了这些失灵的原因，比如源于不完全的市场或信息失灵，源于提供和接受特定商品或服务的个人成本和收益难以获得市场价格（外部因素的存在）以及源于市场不能提供某些商品或服务（如公共物品）或供应不足（因为个人可以免费享用，而且很难或不可能不让他们享受，如灯塔）的客观事实。

经济控制包括经济预算和核算，比起单一的政府组织控制，尽管两者存在着很大的相似性，但两种控制方式不尽相同。对于一个经济体来说，经济学和统计学才是最基本的学科，而不是会计学。

中央政府对下级政府的控制是一个正式的法律问题，通常是宪法问题，也可能是经济和财政问题。例如，联邦政府或许没有合法权利去控制一个州的地方政府，却可能为其提供补助金，强制规定如何使用和核算这笔钱，并附带审计要求。同样，一个统一国家的地方政府在法律上可能与中央政府分立，并且几乎没有独立的财政，而是依赖中央政府提供的综合财政补贴，这些补贴可能没有明确规定如何使用，但"钱袋子"是压倒一切力量的有效控制。

每个政府组织对其自身事务的控制正是会计发挥其最直接作用的地方，因为会计本身主要与控制有关。考量控制程度的一个重要方法是（重点是指财务控制）区分每个组织究竟是集权财务管控（会计掌控或不掌控，特别是在主权政府中，由于受经济学家影响由财政部掌控）还是分权财务管控。集权财务管控强调对支出过程的控制，而分权财务管控强调对结果的控制。现代政府是通过集权财务管控建立起来的，更加关注花钱的具体细节，但这种管控形式现在正面临另一种管控形式的竞争甚至有被取代的威胁，即对资金总支出与支出的总体结果均采取集中管控。

1.2 治理和公共管理

治理是对每个政府组织的管理以及如何让管理层对组织内部那些负责治理的人负责。通常情况下，治理关注的重点是非执行官员发挥的作用以及审计和保障委员会的存在意义，这涉及本组织管理委员会和内部审计人员的统属关系。同时，治理也关注管理层职责与外聘审计人员职责的公开划分形式。"治理"一词最初是"政府"的同义词，现在已经弃用了。最近几十年里，它重新出现在"公司治理"一词中，尤其是涉及上市公司的最高管理层时屡被使用，并逐渐应用于各种各样的组织中。在政府内部，治理不是一种具有最广泛法律和政治意义的政府看待方式，而是一种各级政府具体组织的看待方式，比如一个中央政府的某个政府部门。

明确治理责任越来越重要，这与内控制度的日趋重要相吻合，具体表现在两个方面：一方面，内控制度变得越来越精细和明确，至少在原则上得到了扩展，已经涵盖管理的方方面面，而不仅局限于内控制度早已存在的财务方面；另一方面，一旦内控制度建立起来，重点就放在管理层和负责风控管理的治理层。

加强治理和内控制度的主要动力来自财务丑闻，包括财务报告丑闻。其中一个重要的标志是1985年在美国成立了现在的"反虚假财务报告委员会（COSO）"，这是一个由5个专业会计协会组成的私营部门机构，包括美国注册会计师协会、内部审计师协会和美国会计协会（一个学术会计机构）等。这个机构在内控方面的工作是显而易见的，突出表现在美国管理与预算办公室和政府问责办公室的政府审计准则中。2001年安然公司的倒闭以及相关企业的破产失败进一步推动了该机构的工作,目前尚不清楚始于 2007 年的银行业危机对其工作的影响。

公众可以免费享受一些公共服务,这些公共服务的提供者包括军人、教师、医生、护士、警察、社会服务人员、交通管理人员等。许多服务专家受雇于政府机构,如军人和公务员。这些专家最终要对政治家和政务官负责,但是他们也需要管理。公共管理者也有责任管理与其他政府组织、营利性组织、非营利组织的关系,这些组织的服务专家可以更好地依照合同提供公共服务,而不是作为政府雇员提供服务。公共管理包括专家职能,诸如律师、人力资源经理和财务经理等。此外,虽然市场的初创功能是为企业销售产品和服务,但也有更为重要的作用。在许多政府组织中,财务管理者主要是会计师,但是在主权政府中,经济学家却发挥着尤为重要的作用,甚至是主导作用。很多服务和管理专家是专业机构的成员,因此其直接责任更多是面向公众的,超出了雇员对雇主(尽管雇主是政府机构)的直接责任。与政府存在合同关系的营利性和非营利组织将包括类似的专业资格人士,他们通常都来自相同的专业机构。

现代政府一直与营利性组织保持合作,特别是在军用或民用货物采购方面。但是近几十年来,政府与更广泛意义上的营利性组织以及非营利组织合作开发出名目繁多的"政府与社会合作关系(PPP)"或"合作关系"的概念。20 世纪 90 年代贯穿英国政府的一个主要例子是"私人融资计划",它是政府组织利用私营部门进行资本项目投资的一种更为广泛的方法。这种开发本身只提供一般的参量,由组织与组织(政府组织和营利性组织)之间签订合同来确定具体细节。

为了理解私人融资计划的本质,把它设想成一种政府管理资本项目的常见方式就行,比如建设一座医院。政府首先确定医院的需求和负担能力(或许借助私营部门的建筑师和其他顾问),再就医院建造一事公开向建筑公司招标，最佳投标者中标并签订合同，然后政府（从私营部门）借钱支付给建造医院的承包商。公司建造医院，并在竣工时将钥匙交给政府，政府为医院配齐所需工作人员和其他设施，一切就绪后对外提供医疗服务。政府经营这家医院，最终由税收提供资金。同样，借款的本金和利息最终也由税收提供资金。通过这种提供医院服务的方式，私营部门发挥了非常重要的作用，但是，一旦医院开业，从此几乎所有的风险和回报都由政府和纳税人承担（之所以使用"几乎所有"，是因为私营部门承包商可能会有剩余索取权）。

私人融资计划的实质是加大私营部门承包商的使用。项目的早期阶段可能是相同的，但政府不再就医院建造一事公开向建筑公司招标，取而代之向建筑公司公开招标为医院提供资本融资和运营（运营方面仅限于实体建筑和设备）。在这种情况下，一旦医院建成，钥匙就由承包商（负责建筑物和设备的维护）和政府（提供医生、护士和管理人员）共同持有。承包商作为医院建筑和设备的提供者，每年从政府获得一笔固定付款作为回报，为期（例如）30年。30年后，付款停止，建筑物和设备由政府接管。

这些项目与传统项目相比，其经济实质是将风险和回报转嫁给私营部门。由于项目的重要部分继续归政府所有，一些显性风险和回报自然保留在公共部门（所有"大而不能倒"的项目的隐性风险和回报亦如此）。项目的前提条件是这类项目比传统项目能更好地提供服务，因为公共部门和私营部门之间能更好地分担风险和回报。就其性质而言，私营部门的风险和回报预期会更高；而公共部门的管理风险预期较低，通过征税来规避风险，或许这样做的回报会更低。而且，如果政府不希望私营部门获得回报，那么风险就由政府独自承担。这种风险分担也强调了通过内控制度进行风险管理的重要性。

类似的项目比比皆是，只是细节有所不同，曾有一段时间这是英国公共部门新资本项目的唯一重要方法,涉及资金规模动辄数千亿英镑。这种项目类型随后普及扩展到其他国家。随着政府与营利性、非营利组织之间契约关系的广泛采用和深入人心,逐渐固化形成一种众所周知的模式——"政府与社会合作关系(PPP)",只是在具体表现形式上存在诸多差异。

公共管理中的两个基本问题是公共部门管理和私营部门管理两者之间是否存在以及是否应该存在差异。这两个问题都没有得到很好地理解。大多数关于管理理论的文献都是针对营利性组织的(尽管重要案例的管理理论往往出自政府)。公共管理理论在实质上要新得多,从其自身的角度来看也很混乱。如果我们将现代政府形式视为始于19世纪末,那么在那个时期的大部分时间里,"公共行政管理"是一个传统术语,而"经营管理"一词通常是为营利性组织保留的。政府和非营利组织被称为"行政管理"。

某些情况下这些术语能够深刻地反映公共部门和私营部门之间截然不同的理论和实践。例如,各国政府的自我定位及组织形式与商业部门根本不同,其中一个主要案例就是欧洲大陆的公务员传统,这在法国、德国等国家得到最佳体现。上述国家政府的行政管理和经营管理基本上是一个法律问题,大部分由律师来实施,而全世界的商业以及英、美政府虽然受法律约束,但并非由法律执行。另一个重要案例是英国政府在公务员方面放弃了专业资格要求,转而青睐非职业学位和边做边学(也成为"见习")。然而,这些两极分化的情况并不具有排他性,一些国家的地方政府可能由于地方局限性和缺乏主权,传统上政府和私营部门专业机构之间的专业流动往往更为自由。

关于公共部门管理与私营部门管理之间是否存在差异的问题,已经有非常明确的具体案例说明公共管理正在发生重大变化,也意味着公共部门管理与私营部门管理理论与实践的差异已经趋向消失。"公共管理"一词越来越占主导地位的事实,一方面表明公共部门管理和私营部门管理理论与实践之间仍然存在真正的差异；另一方面，也有证据表明特定变化使得两者之间的差异趋于消失。然而，公共管理理论文献对于变化发生的内容、时间、地点的概括都是不确定的。

20世纪70年代和80年代发生在英国的某些明显变化促成了"新公共管理"一词的发明，但是这一术语仍然没有太大用处，尽管它在某些领域非常流行，尤其名字本身暗示着曾经存在一个"旧的公共管理"，而实际上这一术语从古至今都未出现过。对英国和其他发达英联邦国家的具体案例试图推而广之的做法其实与美国（也许是因为早些时候就有企业对政府产生影响的明显实例）和欧洲大陆（也许是因为法律在行政管理中占主导地位）的相关性较小。但是随着具体案例在世界范围内获得的影响力，这一术语在某些领域开始流行起来，且已成为会计学理论重要文献的焦点。

1.3 公共财政

政府、营利性组织和非营利组织都有相同形式的可用资金，唯有政府的征税权是个例外。但是各种类型的组织对各种财务的侧重点也有所不同。短期和长期借款对所有类型的组织都很重要，准备金亦是如此。政府补助金（各种形式的补助金，包括给政府的免除支付款项）对所有类型的公共和私营组织都很重要，甚至对中央政府（从其他政府或政府机构获得资助的中央政府）也很重要。有些补助金对如何使用资金没有具体限制，但是有些补助金则有这样的限制。所有类型的组织都会收到捐款，有些捐款对如何使用没有具体限制，有些捐款则有限制。所有组织都可以进行股权投资，因为即使是政府和非营利组织也可以拥有或控制营利性组织。确

第 1 章
公共部门的性质

切地讲，政府资产负债表的重点是借款和补助金；营利性组织的资产负债表则强调股东权益和借款；非营利组织的资产负债表强调捐赠。所有类型的组织都要对商品和服务收费（权利授予、产品及服务销售），从确切的形式上说政府和非营利组织的收费不高于全部成本，但是营利性组织则要收回全部成本，还包括利润。当然，这些确切的形式并不是唯一的：政府以市场所能承受的价格出售权利，并收回公共住房的全部成本；非营利组织出售捐赠的货物和服务；而营利性组织则卖出商品和服务。但确切的形式还是各自的营业报表更具代表性。

所有此类组织的财政筹资，能征税与不能征税的组织之间存在着不可缩小的差距。对于能征税的组织，存在一些情况特殊的国家政府以及超国家政府，如欧盟，它们的征税权不仅用于为公共服务的提供筹措资金，而且用于管理整个经济。

最终，一个中央政府的财政可以有效地理解为税收提供的资金池，会计制度通常会有一个账户来反映这一点。"fisc（旧指古罗马国库或罗马皇帝手头的现款，现在很少使用）"就是一个专指这种资金池的名词术语，而"fiscal（意为财政的、会计的、国库的，如在短语'财政政策'中的使用）"则是修饰性的形容词。对中央政府的贷款最终是由这个资金池作担保，政府有权使用税收补充资金池。世界上大多数政府的这种贷款被认为是不会违约的，但这并不意味着没有风险，因为货币价值变化的风险无处不在（如果债务与一般价格通胀指标挂钩，这种风险可能会在一定程度上得到缓解）。然而政府贷款被认定是不会违约的，纳税人将支付债务利息并偿还债务。政府的金融风险由纳税人承担，而不是放款人。在国家层面，这不仅意味着提供政府自身服务和产品的风险，也意味着州和地方政府、营利性组织和非营利组织不允许失败的风险。

如果州政府和地方政府能够从市场借款，一旦出现问题就是关于放款人在多大程度上承受风险的问题,而这个问题对于各国政府及其中央银行(可能是最终的风险承担者)来说尤为主要。一般来说,欧洲的做法是贷款要么显性无违约(因为中央政府明确担保债务),要么隐性无违约(因为中央政府不允许州政府或地方政府违约)。这种情况在美国也很常见,但与此同时美国各州和地方政府还在遵循另一种常态,即发行显性无违约债务,结果美国州政府和地方政府债务的信用评级便成为一种长期存在并意义重大的行业。

这些中央公共资金池除了承担最终风险外,还要为州和地方政府、营利性和非营利组织提供资金,这赋予了中央政府对这些组织的重大控制权。这些权力的范围和行使方式千差万别。就州和地方政府而言,它们通常依赖中央资金池的补助金;而许多国家涉及补助金的地方税基都很小,而且它们的借贷能力也非常小,因此地方政府被视为主权政府的地方分支机构可能会更好。对于不允许倒闭的营利性组织,权力可能大到足以使其国有化。

政府借款由于得到税收的担保(或显性或隐性),所以具有特殊的意义:本年度纳税人与下一年度以及后续年度纳税人并不一致,这就引出几代纳税人之间的代际公平问题。当前纳税人可能没有动力去关注未来几年的纳税人,而政治家被选举制度赋予了有限而短暂的任职周期。在必须平衡国民经济的情况下,预算不平衡的传统理论必然会削弱财政控制,因为它允许当前的纳税人从财政支出中受益,却不必为此买单。会计制度和其他财务纪律试图重新建立这种联系,例如与严格的平衡预算要求或现收现付要求有关的联系,这些要求涉及个人增量支出建议,而个人增量开支建议必须与其他特定储蓄相结合。

1.4 公共资金

对于会计师而言，理解"公共资金"一词的出发点是：会计师正在处理别人的钱，自然带来了权力，但同时也要承担巨大责任。营利性组织和非营利组织的大多数会计师也是处理别人的钱，长期来看所有权通常与控制权相分离。公共资金不仅是别人的钱，它是强制性地从纳税人那里拿走的钱。在一个正常运行的体系中，纳税必须得到全体纳税人的普遍同意。但在每一个个案中，纳税人都有义务支付法院签发、强制执行的税单，而无须征得纳税人的普遍同意。此外，由于公共服务通常在交付点免费提供给服务对象，公共资金的支出本身并不会产生更多的收入，就像盈利企业的支出一样，它只会产生更多的税单。在这一点上，它类似于一个非营利组织，它的支出产生了更多的自愿捐款需求，但这是捐款而非税收。

人们对服务和产品的追求似乎是永无止境的，无论供应者是谁，是政府、营利性组织还是非营利组织。但是对于营利性组织，这些需求必须由每一个个体来支付，如果是另外两种情况，这种需求会根据个体情况的不同而被刻意地分开去支付。对于非营利组织，每一个个体均无特权去满足这种需求。但是对于政府，有这种权利且由法律界定。

会计师对公共资金的责任可归结为强迫个人和个体营利性组织持续不断地缴纳税款的责任，上缴税款最后用于满足需求（在交付点免费提供服务），进而发展成为权利。这是一种特殊的管理方式，其中管理者是会计师（主要关注金钱）和其他经理人（主要关注所提供的服务）。这些管理者最终要对公众负责。但是在各级政府内部，管理者都要对公众代表负责。在一个民主国家里，政治家在两次选举之间被赋予了有限而短暂的任职周期。公众代表的长期权力取决于下一轮投票，每次投票本质上都是每个选民对服务和税收偏好选择的粗略衡量。为了争取选票，政治家向每一位选民都会承诺两件事：一个是服务（在交付点免费提供），这是好的一面；另一个是税单，这是差的一面。如果政治家们能将两者分离开来对待，通过借贷为短期服务买单或者削减短期税收，那么就会自然而然地激励选民前往投票。这种分离滋生出形式独特且屡禁不止的政治腐败：一个信誉项目或一个本地项目，只要带有政客的名字，就会产生足够的地方选票，但与其他项目并不协调。

作为职业公务人员，会计师具有很长的职业生涯，主要关注对象为货币，在当今技术复杂的货币世界和用货币作为衡量（收入、费用、资产、负债和现金流）工具的领域内行使职责。对于会计师来说，没有免费配送的服务，所有服务迟早都要通过税收支付。较长的职业生涯为会计师提供了自然激励，他们试图获取短期借款对税收的长期影响，并将这些信息传达给全体纳税人。换句话说，这里有明确的激励机制激励作为管理者的会计师想要凌驾于人民代表，甚至可能是人民之上。此外，所有组织的会计人员都希望能够凌驾于其他非财务经理之上。社会上的所有群体都有公共利益诉求，但会计师在公共资金方面的公共利益诉求具有特殊的维度，包含着某种看似虔诚的因素。

这样造成的共同后果就是会计师们渴望实现对公共资金的集中控制，无论这个集中的中心是地方政府、州政府还是中央政府，都使其免受政治的影响。总之，这是政府的一个事实，无论多么不堪的问题，技术性越强，政治上的理解和影响力就越小。可以预见，不同时代、不同背景下愿望的实现程度也有很大不同。有些政府强调政治问责的重大意义，但是随着时间的推移，职业官员的重要性会随着政府相对财富的变化而有增有减。从不质疑最高权力应该掌握在政治家手中的专业会计团体，更易成为这种愿望的代表。

提供服务和服务付费之间的分离对公共资金管控的一个共同影响是，不管国家有多么富裕，都鼓励政府在市场上购买廉价甚至最廉价的服务。其中最持久、最具体的表现是规定了要求接受承包商最低价中标的规则。更为具体的实例是低薪公职人员占用简朴的公共办公室，而旁边则是拿着高薪配置豪华私人办公室的管理者。不管提供服务的效果如何，公共资金往往标志着过度节俭。

总的来说，政府会计人员的书面职业道德声明与私营部门会计人员的书面职业道德声明并无不同。公平、公正性的判断会有所不同，那是因为公共资金的本质属性使然——更多时候、更为敏锐地关注公共利益。

1.5 会计师和公共部门

会计学科是会计行业而非大学的产物，它始于19世纪下半叶的英国和美国。现在的英格兰和威尔士特许会计师协会成立于1880年，现在的美国注册会计师协会成立于1887年。这一职业的出现与政府服务在国家层面的扩大化相吻合，基本上覆盖了国防到福利的方方面面，同时州和地方一级政府的福利供给水平也在同步增加。然而，会计行业的发展并不是在为政府和非营利组织提供服务的过程中发展起来的，而是在为企业的服务中成长起来的。

传统会计技术包括使用货币进行的确认、计量和披露，这些形成了会计行业成功所必需的认知技能基础。仅有会计技术还是不够充分的，因为会计行业判断是会计专业知识的重要组成部分，但是会计技术充当了必要条件。会计行业之所以无法对政府产生重大影响的根本原因是因为会计技术本身对政府就没什么影响力。

现举例说明这一点。假设有两家类似的医院，它们使用相同的会计软件对收入、费用、资产、负债、现金流进行确认和计量，唯一的区别在于：一个是靠税收负担经费的政府组织，而另一个是靠收费解决经费的营利性组织或非营利组织。与收费经营医院的会计制度相比，政府医院会计制度的披露信息要少得多。虽然软件相同，但是政府医院不会提供资本回报率的基本业绩指标；而收费经营医院则会提供，因为即使它是一家非营利机构，为了衡量收支平衡也得依据资本回报率这一基本业绩指标。我们曾经以为政府医院运用会计手段越多、医院会越好，为此我们可以在税收方面构建收入流，代表病人或他们的保险公司完成服务付费。那样就会显著提高政府医院会计的重要性，虽然大概率不会达到营利性医院会计重要性的水平。

正如会计技术本身对政府没什么影响力一样，选民对政府会计技术基本上没什么兴趣，远不如上市公司持有人、股票投资人对会计技术的兴趣和关注。选民没有明显的经济动机去理解政府会计技术，因为理性投票必定依赖简单因素，而会计技术并不简单。理性投票甚至没有经济动机也不愿付费邀请专家代表他们来分析政府会计技术。与之相反，股票投资人却有强烈的经济动机去理解他们所拥有或可能拥有的企业的会计技术，并为金融分析师的服务支付丰厚的报酬。这说明政府会计很大程度上是与普通民众绝缘的，至少相对于商业会计的确如此，两者之间的会计环境根本不同。

专业的会计机构在政府中相对缺乏影响力，也有我们所谓的制度原因。尽管机构成员受益于东道国政府的特别关照（专门将公司的法定审计指派给其成员完成），而且会计工作越来越多地受到公共机构的监管，但是这些机构本身还是属于私营部门。这些专业机构及其协调机构诸如国际会计师联合会的核心价值观是：

- 这些机构本身是非营利组织（依据法律和税负的定义），尽管这些机构的个人和公司成员是营利性的；
- 这种非营利身份赋予了机构、各公司、个人成员的整体社会责任，不只对成员客户负责；
- 机构成员大多数不是受雇于他们的客户，而是按合约方式为其工作；
- 即使机构成员受雇于客户，成员个人或其公司仍对公众利益负有更广泛的责任；
- 机构、公司、个人的会计和审计判断要做到表面上不关心政治，也就是说不受政府的影响，即政府政客或政府公务员的影响。

既然专业的会计机构得到东道国政府不同程度地认可，那么那些政府也应当共享这些价值观，因为这些价值观关系到营利性组织和非营利组织会计、审计服务的提供。然而自从这些机构成立以来，针对政府本身进行会计核算和审计时多数政府多数时间并没有分享这些价值观，至少没有达到相同的程度，中央政府尤其如此。这是显而易见的道理，也很容易理解：在政府里做到表面上不关心政治对许多人来说是不可取的；对那些渴望如此的人来说，要想成功做到尤其困难。会计和审计依赖于许多日常的技术性问题，但这永远不可能与政策问题完全分开。

各国政府并不雇用专业的会计师，而是倾向于指望一般行政人员代行财务职能，如公务员、公职人员、地方政府官员。而且政府（特别是主权政府的财政部如英国财政部、美国管理和预算办公室）的预算编制不是会计的主要职能，其职能是经济和政策分析。统计办公室的经济学家和统计学家在衡量政府经济活动方面发挥着重要作用。

这里也有一个重要的例外情况，不过现在已经微不足道了，即一般行政管理人员优先于专业会计师。早在1885年英国地方政府的财政官员就在新兴的会计行业中创建了自己的分支机构，该机构很快就成为一个审查和认证机构，目前的名称是英国特许公共财政和会计学会。相对于会计行业的其他部门，这一机构的规模仍然很小，尤其是因为地方政府本身已经失去了许多传统的职能。美国于1906年在州和地方政府成立了一个类似的组织，目前被称为政府财务官员协会。这个机构很重要，但它不是一个审查和认证的会计机构。政府中那些行使会计职能的人有可能是合格的会计师，而且数量越来越多，但他们当中往往很少有或者根本没有接受过公共部门会计方面的教育和培训。

专业会计人员和受雇于政府部门的审计人员，甚至是合同雇员之间由于双重责任所导致的紧张关系从来就不易调解和理解。会计人员对职业负责，审计人员对政府雇主负责，最终都是对同样的公众负责，因此最终结果都是一样的，这样说起来倒是很容易。但是责任协调是由完全不同的组织来实施。专业的会计机构属于私营部门，并期望发挥其私营部门的应有职能，同时希望他们如果以私营部门的名义不能成功，那就自然消亡。

可以明显感觉到，会计行业的价值观已经开始挑战最高层政府。20世纪下半叶，会计行业最明显的变化是出现了为公布财务报表而编制的成套会计准则，公认会计实务的核心代表是"公认会计准则"（英文首字母缩写为GAAP，这一术语主要在20世纪90年代以后由英国率先采用）。就上市公司而言，美国在这方面处于领先地位。这一领先地位可以追溯到美国于1933—1934年开始的对股票交易所的公共监管，尽管第一决策者（如今已为人所知）要追溯到1959年由会计行业成立的会计准则委员会。现代类似的机构是美国财务会计准则委员会和国际会计准则委员会，但是这

第 1 章
公共部门的性质

些机构已经正式从专业的会计机构中分离出来。上市公司的成套会计准则通常由专业会计机构的成员审计。

这种有影响力的会计和审计的核心要求是会计政策由私营部门（非营利）机构制定，形式上独立于会计行业，独立于编制财务报表的公司。这些财务报表的合规性首先由私营部门的审计师进行初审判断，这些审计师对专业的会计机构负责，在美国则对公共机构负责，审计师也独立于被审计公司。

这对许多政府构成了挑战（即使不是大多数），因为传统做法是由中央政府制定自己的会计政策，由非私营部门审计人员或多数情况下由政府本身的审计人员来判断其合规情况。下级政府面临挑战较少，因为上级政府既能制定政策又能要求独立审计。我们从政府应对会计行业变化的方式就能看出这种区别。

政府首次大规模使用法律汇编是在 1984 年美国成立政府会计准则委员会之后。委员会是一个为州和地方政府制定政策的私营部门机构，现在在形式上独立于州和地方政府及会计行业团体。1990 年，美国成立了联邦会计准则咨询委员会，在联邦层面上制定会计法律汇编，然而并不能判定这个机构是否独立于联邦政府。2004 年，总部设在纽约的国际会计师联合会等世界专业会计机构成立了国际公共部门会计准则理事会（IPSASB，其前身是 1986 年成立的委员会），为世界各国政府制定会计和报告的法律汇编，虽然这些准则本身没有权力，但各国政府可以自由接受或拒绝它们。这些法律汇编全部用英文编写，即使国际公共部门会计准则（IPSAS）后来被翻译成其他语言。

国际公共部门会计准则理事会的出现源于公共部门会计史上最彻底的变革（20 世纪 90 年代初）：主权政府采用了完全形式的权责发生制会计。较低级别的政府接触权责发生制会计的时间较长，而且不同国家产生的影响各不相同,所以采用了修正形式的权责发生制会计。但是,自从会计行业出现以来以及此前更长的时间里,主权政府一直采用现金制,几乎完全专注于预算的执行。不论何种形式,只要采用权责发生制,会计实际上就是一个非常激进的改变。

尽管存在专业机构,但是通常情况下还是中央政府在制定自己的会计政策,大概中央政府是把这一权利作为其对许多其他事务享有主权的一部分。政府会计理论和实践的多样性是一种常态,尤其是因为世界上大多数政府不用英语记账。通用软件包由于改自营利性环境,它的普遍影响可能会减少这种多样性。

然而,成套会计准则确实给政府带来了挑战,因为常识表明(选民可能会对挑战迹象做出反应)任何组织都不应该违反自己的会计规则。这种挑战也存在弱点,就是这些成套会计准则仅限于成套财务报告,大多数忽略了预算。预算在企业中的重要性毫不亚于任何其他组织,而且经久不衰。在20世纪20年代的美国,当管理会计作为会计的一个分支学科被发展起来的时候,明显受到联邦政府引入预算的重大影响。政府公开预算的做法并没有转移到企业中。因此,企业的财务报告反映在成套会计准则中,多数忽略了预算,并且仅限于财务报表(主要是经营报表、资产负债表和现金流量表)。对于政府,预算和财务报表一样重要,预算就是主要的财务报告。这些预算的会计规则通常也由政府自己制定。因此,虽然财务报表面临挑战,但预算几乎没有挑战。对于会计人员来说,这样很麻烦,因为预算被视为会计循环中不可分割的一部分。即使在企业中,预算常常也是保密的。实际上,政府预算使用的会计基础与财务报表的会计基础并不相同,这是成套财务报告几乎无法改变的事实。

这种英美(在欧洲大陆通常被称为盎格鲁·撒克逊)传统对欧洲大陆公务员的观点构成了特别的挑战,这种观点在法国和德国等国得到了最好的体现，也最具影响力。这些国家的政府行政管理或管理从根本上说是一个法律问题，主要由律师实施和执行。当然，英国和美国传统也受法律约束，但它不由法律来执行。

认同这一传统是有用的，但同时要始终关注英国和美国之间的差异。在这两个国家的商业会计中，最大的区别是美国准则倾向于在计量规则和披露要求（所谓的基于规则的方法）中包含更多细节，而英国及国际准则（基于原则或基于概念的方法）并非如此。但在政府会计方面，两国之间的差异要大得多，尤其是在最高级别的政府。美国最高级别政府有点类似于欧洲大陆具有影响力的体系。

20世纪70年代，包括大学在内的会计研究和教学急剧增加。在这方面，"公共部门会计"一词被越来越多地使用。但在美国，"政府和非营利组织"一词开始受到青睐，后者被分为两类：一类是被视为私营的非营利组织（尽管它们享有税收优惠）；另一类是明确属于政府或与政府有关联的非营利组织。

公共部门会计缺乏明确的地位，这也反映在没有一个普遍接受的术语来称呼会计执行人。"公共会计师"可能是最具优势的选择，可是它已经成为一个根深蒂固的术语，即指依照合同为企业提供服务（明确包括审计）而不是作为雇员提供服务的会计师，因此，他们被说成是从事公共实践，所有人都可以得到他们的服务。当然，这个术语被奉为美国注册会计师的称号。

除了会计师之外，所有的会计对其他人来说都是晦涩难懂的，因为缺乏普遍接受的词典，相关术语的使用也不一致。对于公共部门会计，这一点更加重要，因为大多数会计的教学和学习都是从不一致的营利性组织会计术语开始，学完以后再扩展到政府会计。

延伸阅读

1. Bac, A. International comparative issues in government accounting [M]. Kluwer, 2001.

2. Bourgon, J. Responsive, responsible and respected government: towards a new Public Administration theory [J]. International Review of Administrative Sciences, 2007, 73 (1): 7 - 26.

3. Bourmistrov, A. and Mellemvik, F. International trends and experiences in government accounting [M]. Oslo: Cappelen Akademisk Forlag, 2005.

4. Broadbent, J. and Guthrie, J. Public sector to public services: 20 years of contextual accounting research [J]. Accounting, Auditing and Accountability Journal, 2008, 21 (2): 129 - 169.

5. Broadbent, J. and Laughlin, R. The role of PFI in the UK Government's Modernization agenda [J]. Financial Accountability and Management, 2005, 21 (1): 75 - 97.

6. Buschor, E. and Schedler, K. Perspectives on performance measurement andpublic sector accounting [M]. Berne: Haupt, 1994.

7. Clarke, P. and Lapsley, I. Management accounting in the new public sector [J]. Management Accounting Research, 2004 (15): 243 - 245.

8. Ferlie, E., Lynn, L. and Pollitt, C. The Oxford Handbook of Public Management [M]. Oxford University Press, 2005.

9. Gualmini, E. Restructuring Weberian bureaucracy: comparing managerial reforms in Europe and the United States [J]. Public Administration, 2008, 86 (1): 75 - 94.

10. Hartley, J., Donaldson, C., Skelcher, C. and Wallace, M. Managing to improve public services [M]. Cambridge University Press, 2008.

11. Jorge, S. Implementing reforms in public sector accounting [M].

Imprensa da Universidade Coimbra, 2008.

12. Kaufmann, F., Majone, G. and Ostrom, V. Guidance, Control, and Evaluation in the Public Sector [M]. de Gruyter, Berlin and New York, 1986.

13. Lande, E. and Scheid, J-C. Accounting reform in the public sector: mimicry, fad or necessity [M]. Paris: Experts Comptables Media, 2006.

14. Lapsley, I. New Public Management: the cruellest invention of the human spirit [J]. Abacus, 2009, 45 (1): 1-21.

15. Montesinos, V. and Vela, J-M. Innovations in governmental accounting [M]. Kluwer, 2002.

16. Newberry, S. The legacy of June Pallot [M]. Information Age Publishing, 2007.

17. Power, M. The risk management of nothing [J]. Accounting, Organizations and Society, 2009 (34): 849-855.

18. van Helden, J. Researching public sector transformation: the role of management accounting [J]. Financial Accountability and Management, 2005, 21 (1): 99-133.

第 2 章 绩效评价

在交付点免费配送服务并由税收提供资金是公共部门会计特别关注的问题。如果服务是在竞争性市场上销售的,销售收入是提供服务用户如何评价服务提供的财务指标——收入计量,这是会计领域内一个关于绩效的指标,但是税收收入无法提供这种指标。公共部门对绩效评价的不懈需求是通过非财务指标来满足的。这些指标为公共部门会计带来特殊挑战。

2.1 非财务绩效评价

政府的存在是为了治理，政府表现如何取决于法律、政治、经济、社会和历史的判断。这些判断可能是指政府在历史上重要时期的表现，如战争时期；也可能是指一项重大政策的执行情况，如国家卫生服务；还可能是指某个政党或某个政治领导人某一任期的表现。在做出这些判断时，自然而然要用到数据，同时依赖具体方法论的运用。

本文中的绩效评价指的是更具体意义上的绩效。它要求政府将提供具体服务视为治理的重要方面，而且是以确定方式向特定的个人或个人群体在交付点免费提供。有时这种服务被当作"产品"提供，就是为了凸显这种特定性。绩效评价要求对政府提供的服务进行规划、执行和监督，其中就包括对这些特定服务的评价。

这些具体服务越能合理地被转化为产品，绩效评价的相关性就越强。一位62岁的妇女进行髋关节置换，虽然治疗服务不能完全脱离她的健康的其他方面，但置换可能是有用的。这类产品可以被确定为政府、营利性和非营利卫生服务组织提供的服务的可分割部分，但这些组织的服务不能完全简化为一套产品，更不能代表人口健康的所有方面。

政府今天提供的服务与过去提供的服务是不可分割的，从遥远的过去一直到现在，安全、卫生和教育是最基本的文化类型。同样，因为每个组织只对人类的整体福祉做出各自的贡献，所以各政府组织所提供的服务彼此之间相互依存，与其他营利性和非营利组织贡献的服务也不可分割。一个组织的绩效评价涉及一个财政年度的任意区间，自然不能脱离过去的绩效或其他组织的绩效。这也意味着为了实现一个组织绩效评价的理想，仅仅通过判断该组织控制的事情是不可能做到的。

此外，绩效评价的特殊性要求评价指标是局部或部分的，在缺乏统一标准（如金钱）的前提下，意味着这些指标综合起来必然是不完整的。对于一个组织、一个方案、一个政府（作为一个整体）而言，不存在成套的绩效指标，也不存在绝对的绩效指标。对这些指标最为合理的判断就是全部采用比较法：它们是一段时间内的边际变化以及其他组织之间的边际差异。

20世纪后半叶，在政府预算和政府会计方面出现了一系列创新，这些创新的基本前提相同，即假定资源稀缺，如果无法评价提供服务的质量，那就明确计量服务数量，并结合消耗资源的计量，进而完善服务。20世纪50—60年代，这些创新开创了全面预算模式，被称为绩效预算、项目预算和零基预算；20世纪70—80年代，这些创新更多地侧重于审计，也是从那时起关注焦点集中在预算、会计和审计的各个方面。

这个前提可以说是所有营利性组织的基础，即资源消耗以及提供服务的数量和质量都用货币来评价。既然货币是会计的媒介，那么会计在营利性企业的绩效评价中起着核心作用。在这个问题上，有必要区分货币的两种含义。一方面，货币是交易的主要媒介，因此也是主要的财富储存手段。会计记录兑换交易和随之而来的财富变化。另一方面，有时货币交易涉及现金和准现金（流动性稍差），但更多的时候是对现金的索赔（应收账款和应付账款、短期和长期贷款）。会计将这些交易记录汇总起来，然后用货币对收入、费用、资产、负债和现金流进行精确计量。换句话说，这种汇总和计量区分了营运金额（与一年或更短的时期相关）和资本金额（超过一年）。

在任何组织中，会计都提供绩效指标，即评价一段时期内收入、费用、资产、负债和现金流量的变化是否符合预期。但是，在营利性组织中，会计核算使用货币也提供了评价所供商品和服务价值的直接指标。在竞争激烈的市场中，营业收入是由客户自愿支付的，这一事实意味着那些收入是评价营利性组织的客观指标。流入和流出经济实体的现金流，包括营运流动资金和资本流动资金之间的区别，是评价经济实体成功与否的重要指标。但是收入减去费用支出（以所用资本的百分比表示）是评价实体绩效的更基本的指标，它是评价实体利用资源（劳动力、原料、财产、厂房和设备、资金）满足商品和服务需求的能力。

相对于以物易物或其他非货币媒介，如政治影响力，货币的明显优势在于，它为营利性组织、所有其他组织、个人之间的所有交易提供了一个通用指标，不管提供的商品和服务在本质上有多么的不同。我们每个人为满足自己需求做选择时以及那些组织为满足我们需求供给时都会使用这个通用标准。我们都或多或少地知道，货币交易不能满足我们的全部需求，甚至常常不能在给定交易中充分体现产品或服务的一切信息，因为我们每个人拥有的金钱数额不同再加上市场失灵。但是这些使用货币进行的兑换交易功能强大，为会计提供了替代力量，尤其是在营利性组织中，货币占据了巨大份额。

在交付点免费配送服务时接收者不会通过接受或拒绝这些服务的价格来表达他们的偏好。因此，货币并不能对所提供的服务和产品提供一个可测指标。货币的其他用途对政府来说比较常见，特别是货币提供了一个可测指标用以衡量政府组织在提供服务时的采购内容。在衡量政府税收能力方面，货币还有额外用途，可以将实收款项与预算拟收款项进行对比。

限定政府在交付点免费配送的服务由税收提供资金支持，绩效评价使用的指标有财务指标、非财务指标、定性判断。绩效评价时有必要考虑以下几个不同的绩效要素：

- 投入，即政府消耗的资源，主要采用成本评价，但也包括非财务指标，通常指雇员人数；

- 产出，即政府提供的服务，主要采用非财务指标评价；
- 结果，也是政府提供的服务，但主要采用无指标的定性判断。为了系统收集服务对象的评判结果，通常采用访谈或问卷调查的形式完成测评并生成满意度统计。

政府服务的非财务投入、产出、结果等指标最好分层对待，其中低层存在一些容易计算的投入的替代指标，而较高层则存在一些容易计算的产出的替代指标，然后是容易计算的产出指标，再就是服务对象满意度的计算指标，最后是在最高层的水平上，有无法衡量的结果。层次结构中的最低层虽然可以可靠衡量，但离政府服务的终极目标最远；最高层则是服务的终极目标，但无法衡量。

产出和结果的层次结构中没有一个层次是会计的自然责任。对于政府（与非营利组织一样）提供服务的情况，产出和结果是其他人的事情，这里主要指服务专业人士和政界人士。这就包括产出和结果的评价。评价可能很容易而且与事实问题相关，但评价什么、如何评价以及如何使用由此产生的评价指标等问题并不是中立的，会计人员也不能随意回答这些问题。

尽管如此，会计对那些产出和结果非常感兴趣。如果不考虑服务成本，绩效评价对于会计来说是毫无意义的。绩效被有效地分析为投入、产出和结果，但所有这些要素必须同时判断。不惜任何成本取得产出和结果的成功，并不是有用的绩效评价指标（比如，考试通过的人数、等级以及审批水平都在增加，但是预算超支并且借款失控）；产出成功、结果失败且成本很高，也不是有用的绩效评价指标（比如，考试通过的人数、等级增长，但审批水平下降，预算超支且借款失控）。短期内会计可能会判定产出成功而结果不成功，但是低成本是利好指标（比如，考试合格人数和等级增长，但审批水平下降，与同类服务相比预算最低）；但从中期来看，如果低审批水平导致彻底改革，可能会担心对未来预算产生影响。

财务和非财务投入、非财务产出和结果等指标通常有不同的语言表达方式，例如可以区分为经济、效率和效益。经济侧重于财务投入，判断成本是否尽可能最低，它的支撑观念是公共资金必须花在最便宜的东西上。效率是投入与产出的比率，可用财务或非财务指标评价。效益关注的是产出和结果最终是否达到了预期目标。这些术语的常见用法是用来指出一个项目可能效率高但效益低，即它可能把错误的事情做得非常好。日常用法中，假如我们做错了事，我们不会说它是有效率的，但从技术层面来讲，我们可以这样说。区分术语有助于强化观点，但是它们也可以用来强调经济、效率、效益三位一体综合判断的必要性。老话说"公共资金必须花在钱能买到的最便宜的东西上"，其实纯属无稽之谈，因为永远都是"便宜没好货"。

现以中学教育为例阐释绩效评价的各个方面。例1给出了乌托邦市教育局 A 中学的绩效评价指标。

例1

乌托邦市教育局 A 中学：绩效指标

20×2年 A 中学的预算为 3,000,000 英镑，当年在校学生 450 名、全职教师 70 名。该校是乌托邦市 4 所中学之一，每所学校有 500 个学生名额。20×2 年该市教育局下属全部中学的年度运营预算费用为 10,000,000 英镑，共负担 1,950 名学生和 350 名全职教师。上述所有学校里除专职教师外，还聘用兼职教师和助教。

国内所有中学的 14 岁和 16 岁学生都要参加国考。14 岁学生的国考科目包括英语、数学和科学，成绩分为 A、B、C 三个等级，而 16 岁学生的国考科目除上述 3 科外还包括许多其他科目，通常来说每个学生至少需参加 8 个科目，同样考分也分为 A、B、C 三个等级。

> 20×2年A中学14岁学生的各科考试成绩为：英语A级占55%、B级占15%、C级占30%；数学A级占60%、B级占15%、C级占25%；科学A级占60%、B级占10%、C级占30%。16岁学生当中有45%获得5个或5个以上A级或B级的成绩。

财务投入的替代指标是教师人数，产出的替代指标是学生人数。产出的直接衡量标准是以不同等级成功通过考试的人数，这些指标只是中学教学经验的一部分，而这反过来又是学生从小学到中学教育经验的一部分。

例2提供了A学校教育服务经费的地方和国家背景。

例2

乌托邦市A中学的绩效背景（全国和地方）：经费

全国共有2,000所中学（面向11—19岁的学生），各校可提供的学生名额从250名到1,000名不等。中学教育由政府全面负责，其中就包括针对14岁和16岁学生的国家考试。政府还为一系列活动提供大量资金，但大部分用于年度运营开支，这些资金先分配给每个城市，再分配至每所学校。具体分配标准以学生人数为基础，同时还考虑其他因素，如当地的生活成本（因为这将影响到教师工资的购买力），享受免费校餐的学生比例（因为这是评价相对贫困的一个指标）以及第一语言为外语的学生比例（因为这是评价学习困难程度的一个指标）。

政府的中学教育预算将在3年内大幅提高，但是由于每所中学的收入来源比较复杂，因此无法预知20×2年每所学校的预算将会受到怎样的影响。

A学校几乎完全依赖政府的资金和考试，考试决定学校的绩效评价指标，包括考试方法、考试内容和考试方式。每个学生的实际成绩由一个机构代表政府测定，机构的成绩记录为最权威的结果。学校将收到本校所有学生的成绩单副本。

政府清楚地知道，除了获得 A、B、C 级的学生数量指标外，影响学校绩效的还有其他因素。这些因素与投入指标（当地教师的生活成本）和产出指标（学生的贫困程度和学习困难程度）有关，这些指标用来确定资助规模，但它们并不属于绩效评价的一部分。

中学经费的复杂性意味着政府不可能在预算固定以及预算执行受监督的情况下将投入、产出、结果全面联系起来。20×2 年—20×5 年的预算增量可以与绩效评价指标的增量变化相关联，如例 3 所示。

> **例 3**
>
> **乌托邦市 A 中学的绩效背景（地方和全国）：政府的绩效指标**
>
> 政府制定了一个战略目标，即从 20×2 年—20×5 年，每年将两组考试中每一类学生的人数提升 2 个百分点。为此，政府为 20×2 年设定的绩效指标为 14 岁学生的英语成绩为 A 级占 75%，B 级占 20%，C 级占 5%；数学成绩 A 级占 75%，B 级占 20% 和 C 级占 5%；科学成绩 A 级占 80%，B 级占 15%，C 级占 5%。16 岁学生中，50% 的人获得 5 个或 5 个以上 A 级或 B 级的成绩。

这些指标被用来判断政府在实现这些目标方面的绩效。然而，他们在评判每一所中学相对于所有其他学校的绩效时感到并不满意。这是因为一所学校的考试成绩很可能受到本校不可控制因素的影响。这些因素到底是什么以及它们的相对重要性，教育专家们并非总能达成共识，只有一些局部共识而已，详见例 4。

> **例 4**
>
> **乌托邦市 A 中学的绩效背景（地方和全国）：考试成绩的影响因素**
>
> 一所长期独立从事教育研究的国家机构得出若干项影响考试成绩的因素，具有一定的可信度。每一所学校提供的教育服务的质量水平既受学校

可控因素的影响，也受学校不可控因素如学生自身条件的影响，诸如学生以前的学业成绩、种族、性别、年龄、特殊教育需求、相对贫困程度、母语非英语以及申请入学花费时间的长短。

其中一些因素决定了政府补助金的分配，如相对贫困和特殊教育需要，而不是其他因素，如以前的学习成绩、种族、性别、年龄、母语不是英语、在一所学校就读的时间长短，这些因素没有一个被公开用于确定中学的总预算。

政府在对 2000 所学校进行高度集中的规划、执行和监督时，确实需要了解每所学校对其绩效目标的贡献，其中就包括 A 中学。其中一部分是政府考察服务，如例 5 所示。

例 5

乌托邦市 A 中学的绩效背景（地方和全国）：政府的绩效考核

政府实行考核检查制度，由政府机关组织对各校检查，5 年一次。检查采用风险评估法评判各校的优、良、中、劣，并用四分制折算各等级对应的分值（1—4 分）。这种综合评判的依据是学校绩效表现的具体细节。评估报告要求篇幅简短、定性为主，主要涉及学生是否感到安全、是否具有支持服务、学生风气等问题。报告在网上公开，A 学校最近一次报告是在 20×0 年，判分结果为"3 分"。

检查报告是对学校成绩的定性判断，是在参考考试结果的背景下制定的。这些判断来自于对每所学校的考察，包括对教职员工、学生、家长的非正式采访，并以 1—4 分的分数表示。每所学校的报告均未提及财务预算或雇员人数预算。

对于 A 学校，特别是其会计人员，这一精心设计的绩效评价体系的关键部分是外源性的,并且只是部分确定的,让学校在提供教学和学习体验时将所有部分组合在一起。只有学校的规划、执行和监督周期明确考量了学校的所有投入、产出和结果,这些关键部分由其他方面决定,就像从上面决定的一样。

一所学校的成果不仅是从教育的角度来评判。例6给出了成果评判的另一种方式,即学生的整体健康状况。

例6

乌托邦市A中学的绩效背景(地方和全国):
政府鼓励的健康饮食方案

政府还制定了一个利用校餐增进健康饮食的计划,首先针对学生实施。过去校餐的营养价值低,但是现在校餐的营养价值非常高,而如何让学生吃掉这些食物却是一个挑战。校餐免费便成为该计划的一部分。政府根据代理人而非直接保存的记录得出有40%的学生吃校餐,其中10%的学生有权享用免费餐食,但只有8%的学生接受。

学校必须确定健康饮食的预算应该是多少,这比前几年的不健康饮食预算增加了多少,如果总预算不足,在哪里可以找到额外的预算,如何增加学生吃校餐的人数以及如何支付免费校餐的增加费用。它还必须确保饮食习惯的逐渐改变不会对学生的所有其他方面产生不利影响,包括他们的考试成绩。

投入和产出的联系通常通过长期替代指标实现:

- 学生教师比(投入/产出);
- 单个学生的成本(投入/产出)。

每个学校、城市和政府都可以使用这些数据与往年以及其他学校、城市或政府进行比较。对于城市和政府,可以在人口规模方面采取类似的有效措施，以便与其他城市和政府进行比较：

- 每 1,000 个人中的中学教师人数（投入/产出）；
- 每 1,000 个人的中学成本（投入/产出）。

即使采用例 1 至例 6 中数量相对有限的指标来评判 A 学校的绩效也会出现相互矛盾的理解。A 学校的成绩（例 1 所示的考试成绩）明显低于国家目标（例 3）。部分原因可能是因为学校无法控制的一些因素，如例 4 列出的先前的学业成绩或种族等因素。学校有一份等级为"良好"的检查报告（例 5——基于定性标准），可能在健康饮食方面做得很好（例 6）。一方面，A 学校每名学生的成本为 6,666 英镑（3,000,000 英镑/450），高于乌托邦市的 5,128 英镑（10,000,000 英镑/1,950）。另一方面，A 学校的学生和教师比为 6.4:1（450/70），也高于乌托邦市的 5.6:1（1,950/350），尽管这一评价指标没有考虑兼职教师和助教。由于缺乏一种统一的方法来权衡这些指标，在它们各自的条件下很难做到全面合理化。

所有的绩效评价都是中学教学经验的一部分，但这种经验不能用其他方法来评价。这就是为什么这些指标通常被称为绩效指标，而不是绩效本身。这些指标可以在控制周期内执行，因为政界人士、管理人员和教师都认为这些指标在特定时间适合特定学校。但是，对教育经验的理解还没有达到对经验的所有要素都有普遍共识的程度。因此，我们可以说教育技术还没被理解。要理解这一点，我们必须统一思想。当然，我们就"统一思想"这件事还没达成谅解。

一个非常明确的特征（尽管出乎意料地缺少有力证据支持）就是服务的参与者更关注有指标的方面而不是无指标的方面，即硬性指标而不是弹性指标。漫画（不过通常都是真实写照）可能会把会计人员描绘成仅关注非财务投入的人，因为这些投入不仅是有指标的，而且提供了很好的成本替代指标；学生及其家人和朋友可能被描绘成注重考试成绩的人，这必然会鼓励老师也这样做；同样地，当考官独立于老师时，考官也会被描绘成专注于考试成绩的人；只剩下老师和其他普通民众（包括雇主和公众知识分子）在为教育质量担忧。

绩效评价的这些原则适用于所有政府服务，但教育有其特殊特性，通常不适用于其他的政府服务。长期以来，为绩效评价提供依据的考试一直是系统固有的。这样一来，教育机构和教育项目的绩效评价就能够借鉴现有的评价标准，而不必发明新的标准。在其他情况下也应该记住这一点，尽管绩效评价的挑战与其说是与产出指标本身有关，还不如说与它们如何使用更相关。

非财务绩效评价的明显缺陷促使人们不断引入产出和结果的货币指标评价方法来克服这一缺陷。政府可能选择去推测企业提供的可比服务的价格，服务对象可能选择去比较免费服务和收费提供的可比服务（如果可以比较），研究人员可能会观察从问卷调查收集的数据中得出的推论。人工市场，有时称为内部市场，因为它们是在政府内部或政府的一部分，所以可以用来产生收入来源，即使不评价服务最终接受者的支付意愿，但也评价中间接受者的支付意愿，它们是政府的内部代表，作为最终接受者接受服务。有了这样的收入来源，服务提供商就像他们是营利性组织一样，可以将常规利润指标用于与绩效挂钩的薪酬的目的。

2.2　绩效评价的挑战

在确定的政府案例中，绩效评价面临严峻的六大挑战：成本计量、产出计量的可靠性、投入与产出之间的因果关系、产出指标的狭义性、报告评价指标的全面性与简洁性、绩效的可控性。

绩效评价时必须采用完全权责发生制计量成本；现金制不能计量所提供服务的成本。政府与营利性组织和非营利组织共同面临的一个挑战是如何区分必需全部成本的情况（通常可能是在财务报告方面）和不需全部成本的情况（通常用于短期决策）。各国政府面临的一个特别挑战是，通常很大一部分成本没有自然追溯到产出和结果，因此涉及大量任意分摊的成本。

第二个挑战是非财务产出指标的可靠记录和沟通，包括它们能够接受审计。与会计制度相比，非财务信息数据库的可靠性较低。内部控制制度详细阐述了资金流入和流出系统的控制。输入非财务信息，尤其是关于学校、医院、犯罪现场、战场的信息，通常不可能得到同等程度的控制，也可能几乎找不到相当于金融交易记录的工具用以核实数据。而且对于会计系统，永远不会独立地检查由银行对账单所提供的数字。

第三个挑战涉及因果关系。由服务专业人士和政界人士确定的产出和结果从根本上影响着投入，这也是会计的主要关注点。非财务指标可以易于计算，也应当计量可靠。然而，对于牵扯的每一个人来说，在投入、产出和结果之间建立因果关系都是极其困难的。若使用跨组织、跨程序的大型数据库进行统计甚至更加困难，因为数据库中的绩效平均值、高于平均值、低于平均值以及异常值都被确定。如果对一个组织在一个时期内只进行一次绩效评价，那么它实际上难上加难。人们可能会认为这个比较容易，因为它更接近实验室条件。但是，政府机构不是实验室，在那里可以通过简化成离散实验从而控制输入、输出、结果，这一点与可以进行的任何实验一样重要。不能为了提供实验对照组而建造两次大坝，也不能让学生接受两次教育。而且由于没有实验室，无论绩效分析成熟与否，意外后果都是常态。

第四个挑战与非财务产出指标的性质有关：这些指标在各种服务之间不具有可比性。评价很简单，因为它集中在非常具体的特性上。在例1和例3中，学生人数得到可靠地计量，但它假设所有学生都是一个样。无论是否在同一个城市，一所中学的学生和另一所中学的学生是不一样的。基于同样的原因，教师和学生在一年内的经历也将与上一年并不相同。

谈到政府可能提供的所有其他服务，很明显主要使用非财务产出指标进行绩效评价，这种评价必然是分散的，甚至中小学的学生人数都无法比较，显然更没可能比较任何其他类型的客户数量。关注点越具体，评价就越有效。如果关注点侧重于综合性、多服务的政府或政府内部的复杂单体服务，那样的指标必然非常多，而其背景是一项复杂服务或作为一个整体的政府，那么这些指标不仅不具有可比性，也无法理解。

因此，第五个挑战是如何在两个需求之间找到平衡，即产生大量绩效指标的自然需求和服务对象、政界人士、一般民众简单了解绩效的同等自然需求。简明扼要但不全面的绩效评价指标可能会造成政府综合绩效的严重误解，但这些指标的核心要求是非专业人员能够看懂它们。

第六个挑战与政府绩效的可控性有关。在一个合理的控制体系中，绩效评价只关乎政府能够控制的事项。所用指标一直贯穿政府规划、执行和监督周期的全过程。会计要求这些评价指标与成本建立起系统性的关联，而且能接受某种程度的审计。因此，会计工作要着眼于拟纳入年度预算和已审财务报表的指标，而且这些指标仅限于受组织控制的指标。

绩效评价本身就是为了实现世界的简单化，它将可见的现实世界化繁为简、化整为零，以便我们能够更精准地处理本质。尽管考虑了边际竞争性，但是绩效评价在科学技术方面的非凡成就并未在人们赖以生存的生活环境或组织中得到复制。在医学领域，我们在解决人们身体方面的问题获得的成功远胜于在心理方面获得的成功。组织管理的理性方法与持续变化的、接地气的、临时性的、反复试验的方法总是处于竞争与妥协的境地，最后只能"和稀泥"或"得过且过"。

绩效评价的前提条件已经得到普遍接受。尽管如此，我们还有必要明白对任何此类制度的判断，不仅要看制度本身所规定的条件，还要看那些政府服务提供者和接受者的实际体验，我们至少必须承认这些实际体验可能与系统所描述的非常不同。

延伸阅读

1. Atkinson，T. Measurement of government output and productivity for the national accounts（Atkinson Review：Final Report）［M］. Palgrave MacMillan，2005.

2. Bouckaert，G. and Halligan，J. Managing performance：international comparisons［M］. Routledge，2008.

3. Boyne，G.，Meier，K.，O'Toole，L. and Walker，R. Public service performance：perspectives on measurement and management［M］. Cambridge University Press，2006.

4. Kurunmäki，L. and Miller，P. Modernising government：the calculating self，hybridisation and performance measurement［J］. Financial Accountability and Management，2006，22（1）：88－106.

5. Propper，C. and Wilson，D. The use and usefulness of performance measures in the public sector［J］. Oxford Review of Economic Policy，2003，19（2）：250－267.

6. Shah，A. Performance accountability and combating corruption［M］.

World Bank, 2007.

7. Warburton, R. Preliminary outcomes and cost – benefit analysis of a community hospital emergency department screening and referral programfor patients aged 75 or more [J]. International Journal of Health Care Quality Assurance, 2005, 18 (6/7): 474 –484.

第 3 章 会计基本原理

无论是政府、营利性组织还是非营利组织，纵然千差万别，但是所有组织的会计技术基本原理千篇一律。然而，公共部门背景下的会计基本原理则另有侧重。公共部门会计技术需要重新回到会计基本原理才能理解它们。另外，由于背景特殊，也有必要了解两种其他形式的会计，它们与公共部门会计有时相互补充，有时相互竞争，对于政府尤为适用。

3.1 会计要素

正如会计记账是内部控制的基础一样,每个组织的交易记录构成了会计的基础。政府仍然普遍采用单式记账的形式。在英国和美国,单式记账系统被视为过时的系统,那是属于19世纪的东西;然而,真正称得上完整、全面、综合记账系统的复式记账系统又几乎没有,因此使用辅助系统(例如应收账款)仍然非常普遍。随着若干通用软件包的持续使用,就会产生更大的一致性。

关于记账方式是各家"统一格式(会计科目表的最基本元素)"还是各家"自主决定",存在着两极分化的观点。即使采用后者"自主决定"的方式,某种程度上也需要对交易结果进行某种统一分类。意见的分歧在于会计制度能在多大程度上提供有意义的统一分类(例如成本)。在极端情况下,会计科目表被认为是统一记账产生的统一类别;相反的观点则认为,不同组织的经济状况是存在差异的,再多的统一记录也无法改变这一点。在实践中,无论基础记录的表达方式是否统一,都必须满足一致性的强烈要求,特别是来自政治家和非财务管理人员的要求。

全面、综合的复式记账系统可应用于每一个整体组织,每个组织自然产生一套财务报表。但是,通常做法是将指派特定用途的资源池(交易集合)与其他完全分开。这种实务形式表现最为明确的就是美国州和地方政府的会计,他们把资源池称作"基金"(如此明确的目的是以便在适当时候使用"基金会计"一词作为"州和地方政府会计"的简称)。这些基金提出了一个基本问题,即该组织的会计系统正在记录谁的交易,他们是该组织内部某一基金的记录吗？这个问题最明显的例子可能就是每个基金也都有自己的银行账户。虽然这个问题可能会引发一系列复杂问题，但对基金的观点只是我们本能的一种技术反应，我们都必须为特定目的指定资金，原因多种多样，有时因为资金来源，有时因为我们的预期用途。这一理念在商业会计中也很常见，但长期以来英美会计把提供一套综合财务报表视为财务报告的当务之急，而这样的报表只提供每个组织作为一个整体的指标，如收入、费用、资产、负债和现金流量，往往掩盖了有关基金作用的重要问题。

政府会计长期关注的焦点是交易的正确记录，而与此密切相关的是预算支出的管控。

预算就是申请公共资金并对随后公共资金支出的授权。归根结底，预算是由税收提供资金的。预算申请的形式就是未来的支出规划，对照实际支出进行内部控制和外部控制。在一个控制周期的所有阶段政府都会不同程度地公开问责。预算就是政府行政机关以确定形式向立法机关提出授权征税的请求。而对于地方政府，预算可以被视为官员向政府委员会提出的授权请求，也可以是地方政府直接以预算听证会的形式向选民提出的请求。

也许预算根本就算不上是会计的产物，然而预算一旦获批，正是由会计来行使监管的职责——对照预算监控实际支出，并提供一种至关重要的控制方式。由于预算形式和内容可以显著影响控制程度，所以会计总是希望在编制预算请求时发挥核心作用。在英国，中央和地方政府会计一直发挥核心作用；而在美国和欧洲大陆，预算与会计分离是一种常态。

预算最初是从"申请钱花"发展而来，但是现代政府把它更好地描述为"申请花钱"，这就扩展了预算的属性，使其从只关注作为交换媒介的货币到允许其他形式的预算支出，而具体定义取决于预算的会计基础。因此，支出可以定义为通过发票付款，而不是实际支付现金。"支出"的这两个定义对预算控制有着根本性的影响，预算控制特别强调确保预算不过度支出。由现金支付定义的系统为支出金额（可用现金）设定了自然限制，而"支出"的另一个定义则产生了一种非常不同的预算，它将支出的承诺（在美国联邦政府层面，通常称为义务；在美国州和地方政府层面，称为债务义务）确定为支出。这些承诺可能分属不同种类（取决于供应商的订单下达或合同签订，其中包括雇佣合同），但它们发生的时间比处理付款发票或实际付款时间更早，有时甚至早好几年。

政府管控只是达到目的的一种手段，本身并不是目的。政府存在是为了提供服务，而提高服务质量是他们追求不懈的目标。会计在现代政府中的传统作用仅限于财务诚信、预算内支出和开支最小化等问题。至于提供服务的数量和质量在很大程度上是隐性问题，只要交给服务专业人士和政界人士处理就行了。但是自20世纪后半叶以来近半个世纪的时间里，出现了一系列倡议，其中包括预算编制倡议，这些倡议的基本前提相同，即假定资源稀缺，如果无法衡量提供服务的质量，那就明确计量服务数量，并结合消耗资源的计量，进而完善服务。

基于上述基本前提的制度，实施过程中要求对投入和产出进行计量，同时也要求建立投入指标、低水平产出指标、高水平产出指标和没有指标的定性结果之间的因果关系。这对会计尤其重要，因为绩效评价体系无论实现什么目标，都必须将产出、效益与成本联系起来，使其具有经济意义。此外，对任何此类系统的判断，不仅要看系统本身所规定的条件，还要看政府服务的实际体验，我们至少必须承认政府服务的实际体验可能与系统所描述的非常不同。

了解投入和产出指标之间的因果关系是营利性组织会计的基础，这在很大程度上得益于自然使用了相同的衡量标准——货币。规划营业额推动预算，然后确定必要的生产，进而确定随产出变化的成本（有时称为工程成本，余额称为可自由支配成本）。本量利分析及其附带的标准成本法和方差分析法是基础技术，它确定了成本结构中成本不随产出而变化的部分，称为固定成本；有变化但不连续变化的部分称为半固定成本；持续变化的部分称为可变成本。工程成本与可支配成本的比例因企业和行业而异，在制造业中比例较高，但即使在难以建立因果关系的服务行业，自然发生的货币计量也是有其好处的。政府中确定的情况是产出计量很容易就能做到，但是不以货币计量，另外，大多数成本都是可自由支配的。

营利性企业和政府之间存在着一种具有关联性的对比关系，这表明预算编制在两者之间的另一个根本性区别。在营利性企业中，营业额推动企业预算，维持股权和债务现有水平，并能以留存收益的形式增加。从这个意义上讲，营利性企业可以说是自筹资金，因为营业额为企业提供资金；而政府通常是一年一度的财政预算为其提供资金。政府预算具有反复性和经常性的特点，政府毕恭毕敬地提出资金申请，一旦未获授权或批准也就不复存在了。

预算实际采用的形式因组织、国家和时间的不同而不同，这一点也反映在财务报表上。尽管预算不像财务报告那样受准则制定机构的约束，但预算也有一些共同特点。自20世纪40年代以来，这些特点一直受到挑战，特别是受到项目预算和零基预算技术的挑战，这两种技术在20世纪60年代和70年代的美国最受欢迎。作为综合性替代方案，它们未能被接受，但每一种方法的要素继续具有相关性。

预算的传统起点是组织结构，更具体地说，是确定政府中负责根据预算花钱的官员。在私营部门，他们被称为责任会计，但事实上，政府作为一个整体，通常会将组织的所有事情——不仅是财政——指派专门的政府官员负责执行，最终实现政府自身的全面问责。预算的这一特点适用性很强，无论是高度集中的预算还是存在重大分权的预算均适用，即组织结构决定预算。

这样确定的每一项预算内部都存有其他共同要素。预算通常就是使用申请资金采购物资的清单，即投入清单。这些清单的金额规定可以非常宽泛，极端情况下可以是单笔金额，但也可以规定更详细的说明（这种情况更为常见）。员工的全部成本可能只有一个金额，但也可能细分为非常具体的项目，比如员工薪金中的加班费。但是，不管规定详细程度如何，预算通常都是投入清单。在美国，会计师通常将这些清单称为分项清单，在财务报表中也使用相同的术语。

最终预算是对下一个财年的年度预算，这一年度申请表体现了预算的另一个共同特点，即根据上一年预算的边际变化调整下一年的预算申请。当政治学家亚伦·威尔达夫斯基在20世纪60年代初注意到政府预算的这一部分时，在他所著的关于预算流程的著名文献的开篇中将其称为"递增论"。这种做法没有什么新意，但他的命名法一直沿用至今，尽管这个词误导性地暗示，这种做法必然会导致预算逐年增加。预算编制的这一特点的实质不是预算必须总是增加，而是预算必须根据前几年的边际变化进行调整，而边际变化原则上可能是减量。

总结一下这些共同特点，它们的传统形式是反映组织结构的分项增量预算。预算以货币表示，是申请资金的自然方式。它们还非常擅长提供财政官员所要求的一种关键的财务控制，即预算明确规定了谁在花钱、用钱买了什么。这一要求不仅符合财政官员本身的利益，也代表了公众的利益，因为公众的钱正在被花掉。在许多国家将预算作为法律颁布是很常见的，部分原因是为了强调这种控制的重要性。

特别是在欧洲，现代政府借助预算对各个方面实施集中控制。通过制定规则实现集中控制，其中许多规则仍在使用。一种规则是预算只提供一年的资金，一年过后预算就失效了，这称为"年度预算"；另一种规则是预算提供总额，因此预算持有者的任何收入都必须交给中央国库（总额预算原则），预算平衡规则（预算支出由税收提供资金）也很普遍。自19世纪末以来，尽管政府预算规模以前所未有的速度增长，但是对集中控制的重视也与以下观点有关，即公共资金必须花在钱能买到的最便宜的东西上，尤其是用于日常性、经常性的开支上。

对于现代政府，明白这一点非常重要，即无论以何种方式定义支出，作为花钱计划的年度预算是不可以完全自由支配的。实践中不可能从零到上年的预算金额之间来确定预算。无论年度预算申请与否，政府都会有一些支出；同理，无论年度预算申请与否，政府都会征税。这是普遍做法，尽管年度预算仍然被认为是完全受制于年度周期。

原因是政府早期的种种行动也决定了支出和税收。政府可能通过法律将付给个人的款项从年度拨款变更为福利津贴（失业救济金）。政府也可能通过法律来确定某种条件下个人的纳税义务。分项是不同价格下购得的投入数量；数量可判定为固定的，但价格可以变化。一个最近才完成的非经常开支项目，如果不想使其搁置，现在就需要开支来实现运营。可折旧资产根据使用情况折旧，而不是按预算主管当局的决定折旧。

原则上，我们应该允许在最坏的情况下强制政府清算其部分活动，甚至全部活动，但这些情况实际上并不是预算的重点。预算中有些分项受年度预算的控制，有些则不受控制。对于那些受控项目，预算就是目标；而对于那些不受控项目，预算只是预测而已。作为目标，预算正被巧妙地用于改变政府的支出行为。作为预测，预算被赋予"未来支出最佳估计"的期许。对于上述两种情况，重要的是要承认预算可能并不诚实，理由不一而足。

会计师希望看到控制周期从确定预算开始，再连续记录债务、接收的发票和支付款项，然后对照预算判定是支出不足还是超支。在传统的预算形式中,这是在年末时完成的。到任意年末时关于净支出的有用信息为:实际数 20×0 年、预算数 20×1 年、估计数 20×1 年、预算数 20×2 年。

公共部门审计的重点过去是而且现在仍然是恰当性和廉洁性以及交易是否符合预算。这些常规财务审计现在包括财务报表审计,它提供审计人员对通用财务报表是否公允列报其声称的内容以及是否符合与财务报表相关法律的意见。在英国和美国,常规财务审计在很大程度上依赖于内控制度,但两者始终保持独立。然而在其他国家,审计人员参与内部控制的情况并不少见。

传统的常规财务审计必须对提供服务的质量和数量做出判断,但由于这些要素有时无法评价,所以它们在审计中的作用是不言而喻的。20 世纪 70 年代初,随着美国最高审计机构发布政府审计准则黄皮书,这种情况发生了变化。这是政府审计的第一部法律汇编,同时正式确立了政府审计人员必须根据资源消耗来评价提供服务的质量和数量的概念,即绩效审计(也称为经济、效率和效益审计或物有所值审计)。然而,审计人员经常被迫做出选择:不是就政府的绩效发表意见,而是要求他们针对政府是否建立了能够自我判断绩效的适当的系统提出意见。通过这种方式,审计刺激了绩效评价的激增,随后很快出现了对质量问题的明确处理,尽管政府本身往往制定了评价指标。

审计中最有趣、最困难的问题是独立性问题。正如与许多公共部门的情况一样,在私营部门,也存在审计人员独立于被审计方的问题。但在政府的背景下,代表立法机关对行政机关进行审计,而审计人员独立于立法机关也很重要,这关系到审计人员能否远离政党的政治影响力。在欧洲大陆,这类审计人员通常是司法部门的一部分。

会计和审计的这些要素主要涉及各级政府组织(包括中央政府)对其自身事务的控制。他们自然关注财务控制,这是总体控制的一部分,但实施方式可能会有所不同。现代政府是通过集中控制资金的使用（强调对手段的控制）而建立起来的。随后出现了一种关于控制的竞争性观点，即对花钱总金额与花钱取得总成效（强调对目的控制）均采取集中管控，同时将具体控制手段下放给预算持有者。实践中有关控制的几种观点往往出现融合的趋势，但是集中控制与分散控制是预算、会计、审计中一个永恒不变的主题。

3.2 会计基础

组织的交易记录必须全面准确。组织预算和财务报表的会计基础取决于以下几点：这些交易何时确认；其他收入、费用、资产和负债哪些能够确认；所有确认金额适用何种计量和估值基础。预算的会计基础可能常常不同于财务报表的会计基础，而一个政府的会计基础也可能或常常是一个混合体——由不同分项的不同基础组成的混合体。如果一个政府组织整体拥有一个综合全面、内部一致的会计基础反而是不太寻常的现象。

例7给出了交易和其他数据摘要，是关于乌托邦市的一项由可折旧资产（主要指资产、费用，不包括负债或收入）提供的简单服务：社会服务部的小型公交车服务。

> **例7**
>
> **20×2年—20×5年乌托邦市社会服务部小型公交车服务**
>
> 在20×2年年初该部以50,000英镑购买了一辆小型公交车，使用寿命为4年，于20×5年年底报废。这辆小型公交车免费搭载外部客户，每年

用于车辆服务的现金支出为：司机 30,000 英镑，燃油和其他车辆费用 20,000 英镑。以上数据均为已知数据，不存在个例的不确定性，而且 4 年内无价格变化，任一年末均为零库存。上述小型公交车的采购和运营成本均已列入预算。20×2 年年度预算：小型公交车 50,000 英镑，司机费用 25,000 英镑，燃油和其他车辆费用 22,000 英镑。针对该服务的预算不包括为其隐形融资的税收和借款，这些均受城市的整体管控。

确定会计基础的第一步是确定这些交易的确认时间。对于每项交易，有三个不同的时点需要考虑；每一个时点可以在实践中以不同的方式定义，但总体效果是相同的。这三个时点中最近的时点是向供应商或雇员支付现金（定义上的实际差异将关系到现金的实际支付方式，例如通过凭证、支票、银行转账）。所有组织都要使用这种会计基础，有可能是某个特定政府专用，也可能是众多政府共用。表 1 中的预算会计采用现金制。

表 1　　20×2 年一季度乌托邦市社会服务部小型公交车
服务基于现金制的预算控制报告

单位：英镑

项目 [1]	年度预算 [2]	迄今为止的现金支付 [3]	预算支出不足（超支） [4]
运营			
员工	25,000	7,500	17,500
运输			
燃料和其他	22,000	2,000	20,000
资产			
车辆	50,000	50,000	0
合计	97,000	59,500	37,500

表 1 表明截至第一季度末实际运营成本的现金支出与年度预算相比明显不足。这对于控制目的的用途有限，与其将实际付款与年度预算进行比

较，不如将实际支出与第一季度末预计使用的预算比例进行比较更为有用。这就是所谓的研究分析。对于员工成本，预计全年将平均支付，因此大致为 6,250 英镑（25,000 英镑的四分之一）。对于燃料和其他成本，由于供应商发票的正常延迟支付，预计到第一季度末的现金支付可能只有 2,500 英镑，远远低于年度预算的四分之一。如果将第一季度的实际付款额与第一季度的预算情况进行比较，则表明员工成本超支 1,250 英镑，燃料和其他成本支出不足 500 英镑。

第二个不同点是每个交易的最早点：来自供应商或员工订单交易的时间。在这一点上，有三个名称可以广泛使用：支出承诺（英国很常见）；债务义务（美国州和地方政府常见）；义务（美国联邦政府使用）。这个不同点背后的观点是虽然政府控制依赖现金支付的控制，但控制也取决于政府自我承诺交易的控制。这一观点在预算会计中尤为突出，预算会计的重点就是利用预算控制预算支出。现金支付是这种控制的一部分，但是如果政府已经承诺支付一定的现金，即使这会导致预算超支，支付本身也成为一种不能改变的形式。假设政府向供应商或雇员发出正式订单，虽然接受货物或服务可能不是法定义务，但供应商或雇员通常可以将其理解为订单不会被撤销或更改而对其不利，因此这一点更加重要。

第二个不同点可以在政府中以两种广泛的方式应用，本例将通过区分供应商交易和员工交易来加以识别。支出承诺基础或债务义务基础通常仅用于那些授权每天或每周进行大量采购的分项，在本例中用于与供应商的燃料交易。它提供的预算控制主要是为了预算持有者自己的目的。预算持有者需要通过会计系统记录每一笔交易的开始和完成情况，以便预算持有者持续了解尚未承诺的预算金额。年度预算的决算是以现金支付为基础的，因此预算持有者还需要知道尚未支付的预算金额。表 2 给出了基于支出承诺和现金制的预算控制报告。

表2　20×2年一季度乌托邦市社会服务部小型公交车服务
基于支出承诺和现金制的预算控制报告

单位：英镑

项目[1]	年度预算[2]	迄今为止的订单发布[3]	年度预算未承诺余额[4]	迄今为止的现金支付[5]	预算支出不足（超支）[6]
运输					
燃料	15,000	8,000	7,000	3,000	12,000

即使预算持有者启动交易并产生付款，预算持有者对未承诺预算（第4栏）和预算现金余额（第6栏）这两项金额的看法也是存在差异的。这是因为内部控制中的职责分离，即订购商品和服务的人无须付款。事实上订单由预算持有者发布，而付款则由财务部的付款办公室负责支付，从而降低预算持有者与供应商串通进行欺诈交易或不经济交易的风险。

这种分离的关键在于预算持有者不知道何时付款，因此也不知道预算何时付款。如果这类采购的订单和付款之间的正常延迟时间是一个月左右，那么在一年中的大部分时间里，这种延迟与控制年度预算的开支无关：当年发出的所有订单都将在同一年内支付现金。因此，一年内尚未承诺的预算金额（第4栏）将会引起更多的关注，以确保本年度预算不会过度承诺。这意味着，对第一季度末的预期现金付款情况的要求在这里就不那么重要了，因为控制目的的重点是年度预算、承诺款项（迄今发出的订单）和未承诺余额之间的关系。

临近年末，订单和付款之间的延迟可能意味着本年内发出的订单会导致下一年才能付款。因此，在接近年底时预算持有者将同样关注尚未承诺的预算金额（第4栏）和迄今为止的实际支付金额（第5栏和第6栏）。年内关注第4栏是因为预算持有者不想在年度预算中超支；关注第6栏是因为预算持有者不想在预算中结余。在确保年度预算不超支的同时，预算持有者的重点是预测可以下达多少订单，以确保所有相关款项将在年底前付清。

作为一个实际问题,承诺系统最有用的地方是与授权经常进行大量采购的分项相关,因此,会计核算可能会很复杂。订单的财务金额可能与最终付款金额不同的原因有很多,如交付货物的数量和质量可能与订单不同;价格可能发生改变;订单可能在交付前发生变化。会计基础实际上需要持续监测才能保持其对预算持有者的用处。

承诺会计的逻辑来自对给定交易的最早点的关注,特别是与供应商的交易。但还有第二种广泛的方式,这种方式中的那个点从逻辑上来说可以产生相关的会计基础,即义务基础。在本例中可以通过关注所有交易识别这一点,包括与员工的交易。义务基础提供的预算控制主要是为预算授权者和代表其直接控制预算的最高管理层服务的。

年度预算授权所有预算持有者的支出不得超过或低于授权金额。义务基础的逻辑是,虽然政府控制依赖所有现金支付的控制,但控制也取决于政府自我承诺或自我担保的所有交易的控制。每一笔交易都必须有一个早于现金支付的时间点。即使是在决定购买和支付现金之间,延迟时间很短,可能几乎是瞬间的交易,也是如此。向雇员支付工资的交易亦如此,在这些交易中,签署每一份雇佣合同就是承担义务。义务基础要求每一位预算持有者承担责任,不只是为了支付现金,而是为了使政府在较早的时间点之后承担支付现金的责任。表3给出了基于义务基础和现金基础的预算控制报告。

表3　　　　　20×2年一季度乌托邦市社会服务部小型
公交车服务基于义务基础和现金的预算控制报告

单位:英镑

项目 [1]	年度预算 [2]	迄今为止的义务[3]	年度预算未支配余额[4]	迄今为止的现金支付[5]	预算支出不足(超支)[6]
运营					
员工	25,000	7,500	17,500	7,500	17,500

续表

项目[1]	年度预算[2]	迄今为止的义务[3]	年度预算未支配余额[4]	迄今为止的现金支付[5]	预算支出不足（超支）[6]
运输					
燃料和其他	22,000	10,000	12,000	2,000	20,000
资产					
车辆	50,000	50,000	0	50,000	0
合计	97,000	67,500	29,500	59,500	37,500

在政府中完全使用收付实现制，将政府的预算控制作为一个整体来控制现金支付。所有其他方面的控制，包括预算持有者代表政府对义务的控制，均由内部控制系统以其他方式处理。关于义务的种类和规模的规则，预算持有者不经高层授权就可订立，这些规则可以各种方式强制实施。对超支的现金预算的惩罚可能会更严厉，因为有明确的规定，如何在一年内或以后从其他预算中弥补超支。

相比之下，义务基础叠加现金基础，增加了预算控制本身对预算持有者代表政府所承担义务的控制。在其极端形式下，义务基础规定在没有剩余的未指定用途的本年度预算的情况下，预算持有者签订的任何义务都是无效的。无论供应商已经完成了多少工作来满足订单需求，发给供应商的订单都将撤销。这些订单不能用于下一年度的预算，因为该预算即使已经通过，也只授权在下一年而不是在本年度偿还义务。

通过义务基础与承诺基础的比较，可以更好地鉴定义务基础可能存在的一个基本问题。两个基础的逻辑是一样的。在承诺会计下，这种逻辑的应用是最清晰的，因为它所应用的所有交易都是从一个正式的订单开始的，该订单产生了相关的现金支付。会计基础对每笔交易的较早时点的确认既明确又频繁。然而，这种明确性和频率只适用于一小部分政府预算。

大多数预算都是以工资为主导的，这一较早时点很明确（签订每一份

第 3 章
会计基本原理

雇佣合同），但是决定不终止合同或不改变合同的时间点通常并不频繁。要使义务基础得到全面应用，就必须人为推行。例如，可以说年度工资总额是在年初支付的，更可以说月工资是在每个月初支付的或者可能是在实际支付确定的那一个月内的某个时间点。这些观点对批准预算的政客们没有任何意义。在这种情况下，义务基础就变成一种没有实际效果的形式基础。

义务基础和现金基础可以区分经营性开支和资本性开支，如表 3 所示。但在其他方面，经营性支出和资本性支出的核算方法是一样的。无论是经营性支出还是资本性支出，对于支出承诺和支付本身方面的交易，预算要授权每笔交易的全部金额。其中最不寻常也是最重要的方面就是预算在义务发生时对资本性项目的全部金额进行评分。

这对预算持有者的内部控制具有重要意义，同时对整个政府的外部控制也意义重大。在此基础上，最终通过预算的政治家们被迫在编制预算时计算所有资本性项目的全部金额。如何为预算融资，特别是税收和借贷融资的比例，将减轻这种影响。当资本项目允许借贷时（明示或暗示），在选民看来政治家们就可以立即从批准资本项目中获得好处，同时利用借贷来推迟纳税人的成本。但预算至少能立即对全部资本性项目进行打分。基于债务的平衡预算（界定为禁止借贷）将额外迫使纳税人立即全额支付。

会计确认交易的最早和最晚时点是在承诺/义务、现金支付之间。第三种可能的会计基础介于这两点之间：交易的权责发生，即货物或服务交付和发票开具的时间。这一点并不适用于政府预算中的多数交易。薪资行项目又是一个很好的例子，这些交易通常占预算的很大一部分，在这种情况下，现金支付是唯一重要的会计基础：它们通常既不受"订单"的约束，也不受发票的约束。但对于那些与赊购商品和服务有关的分项目，权责发生制具有非常重要的意义。现金制时时处处都是必要的。承诺基础和义务基础也可能非常重要，但这些基础无法记录赊购商品和服务的使用成本，只有交易的权责发生制才能做到这一点，因为只有权责发生制是根据使用货物和服务的可能性来全面界定的。

迄今为止，已经阐明了预算控制中的交易会计基础，同样也阐明了权责发生制，但预算实际上更可能是以现金为基础的，有时附加承诺基础或义务基础，有时没有。因此，权责发生制更有可能仅局限于财务报表。一旦我们在财务报表中插入权责发生制，我们就可以恢复它对预算的影响。

交易的权责发生制为权责发生制会计仅仅提供了基础，还需要定义的是哪些其他收入、费用、资产和负债能被确认，所有确认金额适用何种计量和估值基础。"权责发生制会计"一词被权威地用来指代所有这些方面的不同定义。即使使用这个术语（含蓄或明确）来指代全面的权责发生制会计，其定义也各不相同。因此，将其中每一项都称为"一项完全权责发生制会计基础"，而不是"完全权责发生制会计基础"是很有意义的。同样重要的是，政府会计中使用部分权责发生制会计基础时有许多变化，事实上这可能是常态。在某些情况下，它们被称为"修正现金制"或"修正权责发生制"，这两个术语的用处在于它们在纯粹现金制和完全权责发生制之间确定了一个基础。支撑这些概念的各种细节再次表明将它们称为"修正权责发生制"更为有用。

例8提供了一个使用小型公交车服务的完全权责发生制会计示例，并提供了附加数据。

例 8

在 20×2 年年初该部以 50,000 英镑购买了一辆小型公交车，由专项贷款提供资金，贷款期限为 4 年，每年年底等额分期偿还贷款，利息为 3%。小型公交车的使用寿命为 4 年，定于 20×5 年年底报废；折旧政策为直线折旧。小型公交车实行载客服务收费来实现收支平衡，每年设定的财务目标由服务收费完成。车辆服务的年度现金支出和应计费用为：司机30,000英镑、燃油和其他车辆费用20,000英镑。任一年末均为零库存、零流动资金；收取费用用以冲抵年内各项营运资金。以上数据均为已知数据，不存在个例的不确定性，而且4年内无价格变化。

表4提供了基于例8数据的营业报表和资产负债表。

表4 20×2—20×5年截止［日期］乌托邦市社会服务部小型公交车服务基于完全权责发生制的财务报表

单位：英镑

项目 [1]	20×2年 [2]	20×3年 [3]	20×4年 [4]	20×5年 [5]
经营报表				
营业收入				
费用	64,000	63,625	63,250	62,875
营业支出				
员工	30,000	30,000	30,000	30,000
运输				
燃料和其他	20,000	20,000	20,000	20,000
折旧	12,500	12,500	12,500	12,500
财务成本				
债务利息	1,500	1,125	750	375
费用共计	64,000	63,625	63,250	62,875
本年度盈余（赤字）净额	0	0	0	0
财务状况表				
资产				
非流动资产				
车辆	37,500	25,000	12,500	0
负债				
流动负债				
长期借款流动部分	12,500	12,500	12,500	
非流动负债				
长期借款	25,000	12,500	0	0

续表

项目 [1]	20×2 年 [2]	20×3 年 [3]	20×4 年 [4]	20×5 年 [5]
净资产总额	0	0	0	0
净资产				
政府出资	0	0	0	0
累计盈余（赤字）	0	0	0	0
净资产总额	0	0	0	0

在本例中，交易的现金制和权责发生制是相同的（因为年末没有应收账款、应付账款或存货）。在实践中这两种交易基础之间的差异可能与政府的财务报表存在重大差异，也可能没有实质性差异。在本例中，这两个基础之间的本质区别在于，完全权责发生制会计确认了一项额外费用——折旧。

折旧费有两个基本特点。首先，它将表 3 所示的以现金为基础的服务总成本从 97,000 英镑（其中 47,000 英镑为营业成本，50,000 英镑为资本成本）转换为当年所提供服务的一个经济成本指标（通常简称为"服务提供成本"），减去车辆的未分配成本，并加上一个运营车辆消耗的成本指标。其次，一方面，它提供了使用财务报表报告资本保值的可能性，通过对价格变化的抽象化表述，论证了资本的财务概念和资本的经营概念。这个例子假设该服务没有资本投资（通过借贷融资），表明通过完全权责发生制将每个周期期末的资本维持在零。另一方面，用作客户收费服务是否公平的判断依据：4 年中客户每年支付相同的费用（这是对非常复杂的代际公平问题的一个简单贡献）。

例 9 拓展了小型公交车服务，阐述修正权责发生制会计可能采取的多种形式之一。

例 9

在 20×2 年年初该部以 50,000 英镑购买了一辆小型公交车,由专项贷款提供资金,贷款期限为 4 年,每年年底等额分期偿还贷款,利息 3%。小型公交车的使用寿命为 4 年,定于 20×5 年年底报废;折旧政策为直线折旧。小型公交车免费为外部客户提供服务,由税收提供资金;该市对这项服务实行平衡预算限制,要求每年提高税收以支付总成本。车辆服务的年度现金支付和应计费用为:司机 30,000 英镑,燃油和其他车辆费用 20,000 英镑。任一年末均为零库存。以上数据均为已知数据,不存在个例的不确定性,而且 4 年内无价格变化。

会计可能会决定司机和燃料等运营成本应以权责发生制为基础,以便财务报表给出为这些分项目提供服务的成本。本例中现金制和权责发生制之间再一次没发现数字上的差异(因为缺少期末应付账款、应收账款、存货),但市政府可能不愿针对这项服务收取折旧费,而这是一项完全权责发生制会计核算所必需的。另外,它可能希望对贷款的本金偿还收取服务费,而完全权责发生制会计并不要求这样做(贷款的偿还是完全权责发生制下资产负债表的变动)。表 5 是基于修正权责发生制生成的财务报表。

表 5　20×2—20×5 年截止 [日期] 乌托邦市社会服务部小型公交车服务基于修正权责发生制的财务报表

单位:英镑

项目 [1]	20×2 年 [2]	20×3 年 [3]	20×4 年 [4]	20×5 年 [5]
经营报表				
营业收入				
费用	64,000	63,625	63,250	62,875

续表

项目 [1]	20×2年 [2]	20×3年 [3]	20×4年 [4]	20×5年 [5]
营业支出				
员工	30,000	30,000	30,000	30,000
运输				
燃料和其他	20,000	20,000	20,000	20,000
财务成本				
债务利息	1,500	1,125	750	375
本金偿还	12,500	12,500	12,500	12,500
费用共计	64,000	63,625	63,250	62,875
本年度盈余（赤字）净额	0	0	0	0
财务状况表				
资产				
非流动资产				
车辆	37,500	25,000	12,500	0
负债				
流动负债				
长期借款的流动部分	12,500	12,500	12,500	0
非流动负债				
长期借款	25,000	12,500	0	0
净资产总额	0	0	0	0
净资产				
政府出资	0	0	0	0
累计盈余（赤字）	0	0	0	0
净资产总额	0	0	0	0

服务的年度总成本与表4中的完全权责发生制并无不同，但会计基础是：完全权责发生制确实计量所提供服务的成本，而修正权责发生制则不能。这种根本性的差异可能导致截然不同的年度成本。在例9中，将车辆是通过借贷来融资的假设改变为车辆是通过他人捐赠获取的，因为这辆车很可能是

第 3 章
会计基本原理

在一个社会服务环境中。如果不包括偿还贷款本金和利息,年度成本就会下降。在修正权责发生制下这两种成本将大不相同,也无法计量服务提供成本。

例 9 的确说明了如何使用修正权责发生制来保持资本不变:如果车辆是通过贷款来融资(或者就此事而言通过捐赠得来),那么在每年年底资本仍将显示为零。假设每年纳税人都会支付公平的份额,而那正是修正权责发生制的本质:即使在允许借贷的情况下,它也会迫使最终对其负责的服务部门和政客们每年提高税收,以支付资本性资产。严格的平衡预算要求禁止借款,并迫使他们承担资本性资产发生时的全部成本。放宽这一要求的通常原因是,如果未来几年的客户将从资产中受益,同时"纳税人将不愿意再支付成本",或者"纳税人将不愿意再支付成本",这对当年购买资本性资产的纳税人不公平。这里所示的修正权责发生制提供了一种介于严格平衡预算和完全不平衡预算之间的中间方法,这种会计基础可能适用于表 1 和表 3,取决于城市为其总体预算的融资方式。

例 8 和表 4 中的完全权责发生制可以通过应用不同的计量基础和估值基础来开发,主要有两种方式:第一,示例可以处理具体和一般的价格变化;第二,示例可以包括资本性机会成本的费用。

在表 4 中,资产负债表中车辆的价值是扣除折旧后的历史成本,这使得除了以名义货币计算的财务概念外,还可以计算资本保值的经营概念。为了解决具体的价格变化,在例 10 中增加了一个价格变化,即在 20×2 年年末,车辆的更换成本增加到 60,000 英镑。在表 6 中对车辆进行了重估,并对年度折旧费进行了调整。资本的经营概念认为资本不是货币,而是车辆本身提供的服务。在 20×5 年年底,必须更换车辆才能继续提供服务时,可以使用累积准备金凭借 20×2 年相同的借款水平更换车辆。在经营概念下,准备金是资本调整。在财务概念下,4 年的资本为零,准备金(以现金形式持有并从费用中收回重置成本增加额)不是资本,它们可用于任何经营性或资本性用途。

例10

在20×2年年初该部以50,000英镑购买了一辆小型公交车,由专项贷款提供资金,贷款期限为4年,每年年底等额分期偿还贷款,利息3%。小型公交车的使用寿命为4年,定于20×5年年底报废;折旧政策为直线折旧。小型公交车实行载客服务收费来实现收支平衡,每年设定的财务目标由服务收费完成。车辆服务的年度现金支出和应计费用为:司机30,000英镑、燃油和其他车辆费用20,000英镑。任一年末均为零库存、零流动资金;收取费用用以冲抵年内各项营运资金。以上数据均为已知数据,不存在个例的不确定性,而且4年内无价格变化,只是20×2年年末小型公交车的重置成本为60,000英镑。

表6 20×2—20×5年截止年份[日期]乌托邦市社会服务部小型公交车服务基于重估值的完全权责发生制的财务报表

单位:英镑

项目 [1]	20×2年 [2]	20×3年 [3]	20×4年 [4]	20×5年 [5]
经营报表				
营业收入				
费用	66,500	66,125	65,750	65,375
营业支出				
员工	30,000	30,000	30,000	30,000
运输				
燃料和其他	20,000	20,000	20,000	20,000
折旧	15,000	15,000	15,000	15,000
财务成本				
债务利息	1,500	1,125	750	375
费用共计	66,500	66,125	65,750	65,375
本年度盈余(赤字)净额	0	0	0	0

续表

项目 [1]	20×2年 [2]	20×3年 [3]	20×4年 [4]	20×5年 [5]
财务状况表				
资产				
流动资产				
现金及现金等价物	2,500	5,000	7,500	10,000
非流动资产				
车辆	45,000	30,000	15,000	0
负债				
流动负债				
长期借款的流动部分	12,500	12,500	12,500	0
非流动负债				
长期借款	25,000	12,500	0	0
净资产总额	2,500	5,000	7,500	10,000
净资产				
政府出资	0	0	0	0
储备	2,500	5,000	7,500	10,000
累计盈余（赤字）	0	0	0	0
净资产总额	2,500	5,000	7,500	10,000

表4和表6之间估值基础的变化从根本上改变了采用这些完全权责发生制所提供服务成本的衡量标准，在本例中，从根本上改变了向本年度客户收取的费用。提供服务的两种成本哪一种更好，见仁见智。本例中差异的本质在于20×6年及以后的客户是否应全额支付他们将使用的车辆（在这种情况下，20×6年年初的借款必须为60,000英镑），或20×2年—20×5年每年的客户是否应支付每年使用该车的经济成本（市场价格）。

为了解决一般价格变化，在例9中可以加上20×2年—20×5年每年大约5%的一般价格上涨，这意味着20×5年货币的一般购买力比20×2年时大约少20%。这不会影响资本的经营概念，但会影响资本的财务概念，因为它可能暗示，在物价普遍上涨期间维持财务资本将导致财务资本的实际减少。如果资本的财务概念是按实际价值计算的，则在 4 年中每年都要额外收取约 2,500 英镑的费用，以保持 20×5 年货币单位的财务资本为零（50,000 英镑的 5% 用于维持 50,000 英镑的购买力，即 20×5 年货币单位为 60,000 英镑）。如果没有这笔费用，以 20×2 年货币单位计算的 20×5 年资本将为负数。

建立例 10 和表 6 中完全权责发生制的第二种方法是增加资本机会成本的费用。根据国际会计准则委员会或财务会计准则委员会的准则，这种费用在营利性会计中都不存在。债务成本是一项费用，但权益成本不确认。收取资本机会成本的经济学观点是债务资本和权益资本的机会成本都是提供服务成本的一部分。财务报表中应用这一观点的会计问题是资本成本不可能总是计量可靠。当这项费用是在英国中央政府的完全权责发生制下收取的，其百分比随意确定并应用于所有财务报表。在表 6 中，该费用将适用于每个分项目的期初账面净值，因此，20×2 年—20×5 年，车辆 5% 的费用将分别产生 3,000 英镑、2,250 英镑、1,500 英镑和 750 英镑的运营费用的附加费用（即 20×2 年为 60,000 英镑的期初账面价值的 5%，20×3 年为 45,000 英镑的期初账面价值的 5%，以此类推）。然而，由于此项服务的净资产主要靠借款抵销，因此总净资产很小，资本机会成本的总费用将接近于零。

表 4 和表 6 所示的完全权责发生制会计基础仅限于财务报表。但是，如果这些基础被认为是财务报表最重要的基础，那么一个完整的控制循环将要求预算会计和预算应当采用相同的基础。权责发生制预算将使大多数政府会计产生根本性的变化。在采用完全权责发生制的情况下，英国中央政府各部门的预算中都增加了该预算，但是作为现金制预算的补充，而不是替代。采用表 6 的权责发生制，表 7 提供了以权责发生制为基础的年度预算会计，可与例 7 和表 3 中的以义务为基础和以现金为基础的预算会计

相比较。

表7 运用表6的权责发生制，截至20×2年［日期］乌托邦市社会
服务部小型公交车服务基于权责发生制的预算会计

单位：英镑

项目	原始预算	实际数	原始预算与实际数的差异：低于（超过）
经营预算			
员工	25,000	30,000	(5,000)
运输			
燃料和其他	22,000	20,000	2,000
折旧	12,500	15,000	(2,500)
经营总预算	59,500	65,000	(5,500)
资本预算			
车辆	50,000	50,000	0
资本总预算	50,000	50,000	0

表7的要点与小型公交车本身的成本处理有关。在权责发生制预算会计中，根据财务报表中什么是资本和什么不是资本的定义，严格区分了资本性和经营性费用，然后将资本成本放入单独的资本预算中。资本预算和经营预算之间的联系是折旧费，即一种经营费用。表7包括了20×2年年末小型公交车重新估值的影响。因为重估不会影响以义务和现金为基础的年度预算，重估也没有影响资本预算。小型公交车的预算成本为50,000英镑，该金额是承诺的，然后支付。重估确实影响了基于权责发生制的经营预算。折旧预算是以编制预算时的小型公交车成本为基础的，但权责发生制下财务报表重述折旧成本是为了在20×2年年末收回重置成本。

这一点揭示了支持基于义务基础预算和支持权责发生制预算的学者之间的一个重要分歧。义务基础预算的核心论点是：在决定批准项目预算时，资本性项目的成本在预算中全额计分，这被视为控制批准预算的政治家的一个重要因素。然后将其与基于权责发生制的预算在经营预算中通过

折旧费对资产寿命期内的资本成本进行评分的方式进行对比。相反的论点是，基于权责发生制的预算在决策时也会对资本预算中的全部金额进行评分。但是，实践中由于单独经营预算和单独资本预算的融资方式不同，反论点的效力可能较小。如果政府决定可以通过借贷对资本预算进行融资，而经营预算必须通过税收来融资，那么从政治家的角度来看，资本预算的得分比经营预算的得分所造成的伤害要小得多。因此，基于债务的预算是一种单一（统一）的预算方式，这种预算方式对所有经营成本和资本成本进行评分。

基于权责发生制的预算可能会回应这一论点，坚持认为资本预算可以控制到与经营预算相同的程度，但可能以不同的方式。部分原因可能是不能承认资本预算可以通过借贷来融资。但基于权责发生制的预算也会转移争论的焦点，基于义务基础的预算只对从义务到现金支付的交易进行评分。这是一个长期存在的观点，在美国联邦的案例中，即使是宪法条款规定，没有立法机关的授权，政府的钱就不能花。基于权责发生制的预算会指出，花钱并不是产生成本的唯一途径。本例中，无论立法机关是否授权，应折旧资产的折旧都会发生——仅仅是通过资产的使用。更普遍的观点是，以义务基础和现金基础的预算编制不能为政府提供的服务费用编制预算，也不一定包括资产或负债的确认或以现金制为基础的其他变动。

现金制存在一个特别令人不安的特点，即基础交易很容易被操纵。任何会计核算都依赖于交易的完整性。结果记录及随后的计量和估值必须可靠，因为这是相关报告产生的依据。现金制没有外生方式来定义现金应该何时流入或流出，可以定义应该流动的金额，但不能定义何时流动。鉴于财政年度在会计中的中心地位，这种定义的缺失意味着年度会计可能被严重操纵，而不会以任何方式被判为不当，这不符合常识性判断。现金支付可适当推后 24 个小时，这小小的 24 个小时却能产生明显不同的经营报表和资产负债表。例如，经员工同意，每月工资账单可从旧财年第 12 个月月底推迟至新财年第 1 个月月初。权责发生制要求对所提供的服务成本进行计量，以确定在过去一年中只有 11 个月的工资支付，并根据这一事实进行调整；而现金制则根本无须这样做。

3.3　国民核算和政府预算

还有另外一种形式的"会计"，它们有时补充，有时与公共部门会计竞争，特别是在中央政府中。第一个是每个国家的一套宏观经济账户（称为国民核算），第二个是每个国家的中央政府的预算。

国民核算是一个统计系统，它为每个经济体，特别是国民收入和财富编制经济统计数据。除了关注每一个经济体，它还关注经济体中的五个部门：两个商业部门（金融和非金融部门）、非营利组织、家庭部门和政府部门。其中最后一项，被称为一般政府部门的经营报表和资产负债表，提供了一个国家的政府与整个政府会计信息相矛盾的观点。

国民核算是一个全球标准化体系，其理论框架来源于经济学，由中央统计局执行。它的现代形式是从 20 世纪 30 年代开始发展起来的，是美国和英国为应对大萧条而出现的宏观经济管理的一部分。第二次世界大战提供了一种特殊的推动力。英国和美国的政府有责任决定哪些资源应该首要用于满足军事需求和出口需求，哪些资源应该用于满足平民需求。为了系统、理性地做到这一点，还需要了解国家的现有资源。随后发展起来的国民收入核算促使英国越来越多地采用和平时期的国家经济观点，同时公用事业和其他基础服务也掀起了国有化浪潮。由于理论和实践将资产负债表添加到经营报表中，国民收入核算被称为国民核算。全球体系被称为国民账户体系，其欧洲版本与全球体系完全一致。另一套并行编制的国家经济统计，称为政府财政统计，聚焦经济体之间的经济关系。

国民核算与会计核算有许多共同之处：两者都使用货币进行计量；国民核算以权责发生制为基础，政府会计包括权责发生制；国民核算部分依赖于每个组织的交易记录；国民核算的定义部分是依据其自身与营利性会计的偏差而确定。

然而，国民核算与会计核算存在显著的差异（就语言而言很容易混淆），尽管这两种制度在一定程度上都是处理政府的相同经济活动。国民核算采用"复式"，但它与复式簿记有根本不同。

两个版本的"复式"有一个共同的基础：一个交易，被记录为双方之间的交换，其中每一方都得到平等的利益。但是，复式记账法保留单个组织的实际交易记录。相比之下，国民核算记录的是五大部门之间实际交易估值，这五大部门是根据组织和人的分组。

"交易"的不同定义造成两个明显的后果。首先，复式记账的交易可以在最狭义和最传统的意义上进行审计，交易可以被正确核验，而国民核算的交易则不能在这个意义上进行审计。其次，复式记账提供了外部验证平衡数字的可能性，即在银行的现金额度，而国民核算的复式记账法不能提供这种核验。

国民核算与会计核算之间的其他根本性区别在于，国民核算的报告实体是经济体的综合部门，而不是单个组织；一般政府部门的定义不一定是政府对自身的定义，也不一定是会计师对其的定义。此外，理论和实践中特定分项目的应计项目定义可能会有很大不同。一个突出的例子是会计要求存货是一种资产，而国民核算则要求存货是一种费用。

从本质上讲，国民核算要求提供每个经济体的可比信息。在英国、美国等国家，会计就其性质而言无法提供此类信息。国民核算基本上是通过使用统计过程来避免这一矛盾。这样就会造成同一个国家从不同角度衡量的国内生产总值（GDP）数据的巨大差异，这是一个很明显的缺陷，但它确实又以标准化的形式在全球范围内提供相关数据。

国民核算与政府会计都为政府预算提供投入，但每一个预算的规则和做法通常都存在明显差异。它们处于政府的核心，不可能也做不到不问政治。这些规则由各级政府制定，同时政府保护自己对这些规则享有主权。规则受法律和惯例等正当程序的约束，但这些程序可能神秘莫测、临时编排、复杂难懂，而且远非透明。这些规则和惯例面临着国际社会的压力，主要来自国际货币基金组织、世界银行、经济合作与发展组织等机构，但没有形成一套有效的国际政策。因此，政府预算可以利用一系列会计基础，在会计内部合法化，或在国民核算中合法化，甚至通过主权主张合法化，最终创造一个没有技术意义的混合体。

延伸阅读

1. Aiken, M. Parliamentary sovereignty and valuation accruals: uncongenial conventions [J]. Financial Accountability and Management, 1994, 10 (1): 17 – 32.

2. Anessi – Pessina, E., Nasi, G. and Steccolini, I. Accounting reforms: determinants of local governments' choices [J]. Financial Accountability and Management, 2008, 24 (3): 321 – 342.

3. Caperchione, E. and Mussari, R. Comparative issues in local government accounting [M]. Kluwer, 2000.

4. Christiaens, J. and Rommel, J. Accounting reforms: determinants of local governments' choices [J]. Financial Accountability and Management,

2008, 24 (1): 59 – 75.

5. Ellwood, S. Accounting for Public Hospitals: a case study of modified GAAP [J]. Abacus, 2008, 44 (4): 399 – 422.

6. Jones, R. National accounting, government budgeting and the accounting discipline [J]. Financial Accountability and Management, 2000, 16 (2): 101 – 116.

7. Lüder, K. and Jones, R. Reforming governmental accounting and budgeting in Europe [M]. Frankfurt: Fachverlag Moderne Wirtschaft, 2003.

8. Mellett, H. The role of Resource Accounting in the UK Government's quest for "Better Accounting" [J]. Financial Accountability and Management, 1997, 27 (2): 157 – 168.

9. Perrin, J. From cash to accruals in 25 years [J]. Financial Accountability and Management, 1998, 18 (2): 7 – 10.

10. Van der Hoek, M. From cash to accrual budgeting and accounting in the public sector: the Dutch Experience [J]. Public Budgeting and Finance, 2005, Spring: 32 – 45.

第4章　预算政策和过程

预算是政府的核心。预算是对公共资金的申请和随后的支出授权。归根结底,预算的资金来源是税收。预算申请的形式是未来支出计划,可与实际支出进行比较,以达到内部控制和外部控制目标。

4.1 合理的控制周期

政府的存在是为了提供服务,而在未来提供更好的服务是其经常性目标。决定提供何种服务(包括未来可量化的风险和不可量化的不确定性)的理性方法是按顺序提前制订分析计划,实施这些计划,将实际结果与计划进行比较,并使用所得经验来改进未来计划,即按顺序进行的规划、执行、监控周期。

对于复杂和资本密集的重大技术项目,需要采取理性方法。对于其余大部分的政府服务,常识表明在物质世界(包括气候)和相关人员的不确定性较低时,这种方法更有效。而不确定性极高时期,所得唯一经验可能就是这些计划毫无用处,甚至威胁到组织的存在。此外,即使我们对物质世界和人类行为——无论是个人、群体还是不同文化背景的行为——已经有了极其成功的认识和了解,但是距离完美还是很远很远,甚至可以说还停留在原始状态。管理组织的理性方法与持续变化的、接地气的、临时性的、反复试验的方法总是处于竞争与妥协的境地,最后只能"和稀泥"或"得过且过"。

理性方法被不同机构用来管控不同事项。各部门应用理性管控的主要关注点是:社会服务部将其应用于政府的社会服务;中央辅助部门,比如人力资源部将其应用于人事,而作为一个整体的主管部门及其高级官员将其应用于政府整体事务或者明显是由一个以上部门提供的服务,可能涉及跨组织(以伙伴关系或其他方式)的服务,如交通运输规划。尽管理性方法可以采取许多不同的形式,但还是具有一些共同要素。

第 4 章
预算政策和过程

考虑未来时自然会有长期、中期、短期规划（例如 5 年以上、1—5 年、1 年），分别反映不确定性的高低程度。同样地，产生的计划或许会有相对概括到极其详细之分，也会存在主要定性到主要定量的区别。

中长期规划主要侧重于结果，属于相对概括、主要定性的规划，但包含有非财务和财务的关键量化指标，因此常常被称为战略规划（包含战略），尤其指主要由官员操刀制订的计划。如果放在政治背景下讨论这些计划，那它们通常被称为政策文件（包含政策）。更为常见的是将战略（或政策）与运营计划（当这个词更偏向于军事词源时，指战术或后勤计划）区分开来，后者是中短期计划，更加注重细节，更多使用量化指标，包括财务数额。计划的量化程度越高，经济或金融模型的利用就越多。

在战略和运营计划中，计划的结果往往有不同的称谓，如目的、目标、任务、具体目标、宗旨和指标。其中，"任务""目的""宗旨"往往用于广义、定性的意义，而"具体目标"和"指标"则用于狭义、定量的意义。

所有组织中的战略和运营计划都存在一个长期问题，即联系问题，偏偏两者之间经常是没有联系的。虽然我们可以合理地将它们区分开，并找到各自有用的方方面面，但是一个为期 5 年的高质量任务既然与当前财政资源毫无关系，那很可能就不值得陈述。

预算是一种合理的控制工具，它之所以特别重要就是源于其主要关注焦点是货币的事实。无论是在政府、非营利组织还是营利性组织中，预算都具有相同的功能。政府预算始于资金申请，全部或局部申请最终转变成资金支出授权（有时形式上称为拨款）。归根结底，预算是由税收提供资金。由于政府活动充斥着金钱，因此预算可以支配其他形式的控制。一旦预算获批，将稀缺资源分配给这些竞争性要求，支出部门就会对其进行支出，而预算控制就此展开（支出进行期间及之后）。占主导地位的预算期限为1年。

预算周期的所有阶段都要针对预算开展全面、公开、透明的问责。事实上，由于无人质疑财务报告审计的必然性，故所有其他阶段都应接受某种形式的审计。在营利性组织和许多非营利组织中，计划的细节（包括预算）通常被视为每个组织的秘密。另外，政府在这个周期的所有阶段都要公开问责（尽管问责程度并不总是相同）。巧合的是政治家与公众在这一周期的关注点竟然压倒性地一致倾向于预算授权，而非支出后产生的财务报表。尽管花钱人自然也关注控制动机，但他们的兴趣可能趋同。会计师的重中之重就是控制。

预算并非总由会计师编制，但预算一旦获得授权，正是由会计来行使监管的职责，即对照预算监督预算的实际执行效果，并提供一种至关重要的控制方式，主要是通过财务控制，但是如果遇到预算包含产出指标的特殊情况时，这可能变成一种更为广泛的控制形式。通过预算进行财务控制的具体内容包括：确定预算支出和收入（平衡预算严格定义时特别强调这一点）；制定财务业绩评价标准；激励预算持有者；协调整个政府的财政（多目标政府更加强调这一点）。由于预算的形式和内容可以显著影响财务控制的合理程度，所以会计总是希望在编制预算申请时发挥核心作用。在英国，中央和地方政府会计一直发挥核心作用，而在美国则形成一种鲜明对比，有些政府实施预算与会计分离。

预算编制中反复出现的问题是预算的非财务控制功能和财务控制功能可能发生冲突。组织的主要关注点自然是政府提供服务的结果。财务控制的焦点是资金，钱从哪里来、用钱采购了什么。理性控制方法恰恰将这些联系在一起。但是，注重结果会产生一种不适合财务控制的预算形式，因为政府最终要实现的目标不可能反映在组织结构上。注重投入甚至可能会产生一种不适合产出控制的预算形式，更不用说结果控制了。

第 4 章
预算政策和过程

现代政府的年度预算作为花钱计划,是不可以完全自由支配的。实践中不可能从零到上年的预算金额之间来确定预算。无论年度预算申请与否,政府都会有一些支出发生,同理,无论年度预算申请与否,政府都会征税。这是普遍做法,尽管年度预算仍然被认为是完全受制于年度周期。

原因是政府早期的种种行动也决定了支出和税收。政府可能通过法律将付给个人的款项从年度拨款变更为福利津贴(失业救济金)。政府也可能通过法律来确定某种条件下个人的纳税义务。政府还可能通过法律强行要求一个部门或下级政府承担提供服务的义务,并将此归入特定投入、产出、结果的定义范畴。分项目是不同价格下购得的投入数量,超出政府控制范围的数量可判定为固定数量,但价格可以变化。一个最近才完成的非经常开支项目,如果不想使其搁置,现在就需要开支来实现运营。可折旧资产根据使用情况折旧,而不是按预算主管当局的决定折旧。政府发行的非特定证券债务必须通过合同规定的利息支付和到期日赎回进行融资。雇佣合同限制了政府,这在很大程度上是因为雇员费用通常占据预算的很大比例。通过削减工作岗位来减少运营支出,在短期内可能无法实现,而且不管怎样通过增加一次性付款补偿雇员失业的损失可能会远远抵消运营支出的减少。

原则上,我们应该允许在最坏的情况下强制政府清算其部分活动,甚至全部活动,但这些情况实际上并不具有代表性,更具代表性的是预算中有些分项目受年度预算的控制,有些则不受控制。对于那些受控项目,预算就是目标;而对于那些不受控项目,只是预测而已。作为目标,预算正被巧妙地用于改变政府的支出行为。作为预测,预算被赋予"未来支出最佳估计"的期许。对于上述两种情况,重要的是要承认预算可能并不真实,受制于博弈的结果。预算对所有政治家和支出部门都至关重要,因为预算解决的是不确定的未来,预算的产出和结果势必存在争议,而主观评价和政治谈判的时机已经成熟，包括管控人和受控人之间的谈判。

谁来批准预算取决于具体情况，不同的情况会对预算政策和过程产生重大影响。预算就是政府的行政机关以确定形式向立法机关提出授权征税的请求。"预算"一词的使用起源于18世纪的英国政府，源自法语单词"bougette"，意为小钱包。现代政府中的审计人员可以独立于行政机关和立法机关发挥作用，因为预算在某种程度上取决于对未来的假设（在某种意义上可以进行审计）。一旦立法机关批准预算，行政机关立即就可以支出预算。细化控制通常是同为行政部门的财政部的职责，但最终以实际支出的财务报表的形式向立法机关负责。这种控制的具体性质部分是由预算形式决定的。

在这些政府中，预算可由法律授权，其部门和机构的预算也是这样。这种情况下控制周期由立法者利用法律在最高层面上执行。在有些政府中这种形式的控制占主导地位，而有些政府则更多的是一种例行公事，由行政部门来实施详细控制。立法机关和行政机关之间这种关系的一个基本特征是政府很复杂，它们的会计也很复杂，但立法者因为没有专业技术，所以他们通常没有动机去了解这些复杂问题。

在中央政府以下的政府中预算授权的情况不同。例如在地方政府中，由直接选举产生的政治家组成某种形式的地方议会来管理地方政府，受薪官员提出预算申请（也许由首席财务官统一协调），然后由地方议会授权预算。这种授权可能合并进行，甚至可能由选民直接在预算听证会上决定，然后由受薪官员进行详细控制，最终对地方议会负责。对于没有直接选举产生的政治家组成的政府组织，主管部门可以提供预算授权，但这也可能是发生在直接相关的更高级别政府机构的授权范围内。

因为资源有限，所以预算是必要的。预算授权之前或最迟在预算授权之时确定预算的融资渠道是会计师或者经济学家肩负的重任。这些资源可能是补助款、捐赠款等,但在决定性的情况下,关键是由借款和税收的组合所决定的。广义上来说,这个决定被称为平衡预算。但政府可以或被迫采纳平衡预算的具体定义,这对控制有着深远的影响。严格定义的平衡预算是指完全由税收提供资金、没有借款的预算;宽泛定义的平衡预算是指主要通过借款进行融资。完全由税收提供资金的预算从常识的角度来看是严格的(无论这种常识涉及我们每个人还是组织),下一年的服务将由下一年的纳税人支付。这只是众多控制手段中的一种,但是所有人都能理解的。一个政府能否负担得起预算授权的支出关键在于它能否征收必要的税收。从狭隘而持久控制的意义来说,越早收税越好。

在讨论平衡预算的不同定义时,必须注意到中央政府的预算具有特殊特征这一点,这对讨论有重大影响。中央政府可以被认为是一个组织(尽管在理论和实践中必须记住政府是不同部门、机构组成的复合体),其预算就是那个政府组织的预算,作为提供政府服务支出的申请和授权。

但是,一个政府的预算远不止于此。它也是整体经济的预算,甚至在某种意义上是国家预算或超越国家的预算,因为国家预算用于比经济更广泛的目的。1933年是现代政府的一个关键年份,当时正值和平时期,但是经济面临大萧条,政府预算的扩大作用变得异常明显。在美国,显然是由联邦政府特别是罗斯福总统制定了一份预算,其中包括大幅增加支出,但不是通过税收而是通过借款来筹集资金。在此前后,J. M. 凯恩斯一直主张英国政府原本应该也应该这样做。美国的实践和凯恩斯的理论背离了传统观念,即政府在和平时期不应该通过借钱来为预算筹集资金,因为他们知道战争似乎总是不可避免的,过去一直如此,现在仍然如此,而战争期间借款支付战争费用也是不可避免的。这种传统观念通常被称为"政府批准平衡预算的需要",从广义上是指年度净支出(扣除杂项收入)应由税收提供资金。这一挑战的实质是虽然传统观念对独立的政府预算来说是合理的，但在经济严重萧条的情况下，这对整体经济是不利的。这种情况下政府应暂时利用其独一无二的借款权力，通过提供补助、贷款、税收减免以及对基础设施的投资，来刺激个人、家庭和企业的营利活动。一旦创造了必要的经济财富，政府的预算就可以回归到平衡预算的传统观念，为私营部门的直接投资释放可用借款。

按照这种观点，预算仍被视为合理的控制方式，但预算被视为控制经济，而不仅是控制政府。地方政府确实认为他们自己在当地或地区的地位相当，但他们的权力要少得多。在一个中央政府中，预算的关键要素可以直接受到政府自身的影响，有时甚至由政府自身决定。利率水平、货币数量和一般价格变化（货币政策的基本要素）就是明显的例子。某些情况下这些因素可能是由外部市场提供，但通常都是在中央银行的正式控制之下。中央政府对这些因素的影响要比地方政府大得多，其预算编制任务的重点就是要预测整个财年内这些因素将达到什么水平以及它们将对政府支出和融资产生什么影响。

与中央政府的货币政策相结合，其财政政策（指其自身的支出和融资）是以整体经济的方式来表达的。平衡预算不是根据中央政府自己的支出和融资之间的关系来定义的，而是根据与经济其他部分的关系来定义的。当年度预算不平衡时，就整体经济而言通过借款来弥补财政赤字是合理的。因此，赤字通常会以国民收入即国内生产总值（GDP）的占比来表示并且是合理的，政府的累积债务亦如此。

按照现在的定义，中央政府预算可能会影响到经济中的每个人，对于一个足够大的政府来说，可能会影响到世界其他国家的许多人。国内所有政府预算，包括下级政府和政府机构的预算，都将直接受到这一预算的影响。它的基础不是会计问题。经济学和统计学衡量国民收入和财富，包括个人、家庭、企业和政府机构对国民收入和财富的特殊贡献。关于可接受债务水平的经验法则不是会计问题。

从理性控制的角度来看，国家预算必然会对任何群体规划和控制一国数百万人、团体和组织活动的能力做出大胆的假设，更不用说在世界各地和各主要国家了。在我们目前的认知水平上，这种控制不可能达到极限，甚至可能在极限之内就很不错了。但它非常重要，各级政府的预算都依赖它。

整个公共部门以及私营部门的预算呈"层叠"状，尤其在英国，它们通常从政府的中心"开始"，这时预算控制从"上面"就能观察到。但在所有其他层面，对这些控制通常有两种看法：一种是向上看预算来源；另一种是向下看预算授权的地方。因此，支出部门的预算持有者，无论他们的预算受到什么样的规则约束，都可能进一步分解这些预算，并对下属施加不同的规则。层叠的另一个重要特征是一旦预算转移到另一个实体，无论是公共部门还是私营部门，就可以将预算的支出视为已经发生。

但是，也许这种层叠状态中最重要的部分就是预算的复杂性（也就是任何预算原则的复杂性），或许这一点并不能最好地反映在隐喻的选择中。在英国预算的统一地位暗指所有政府预算的相互联系以及这些预算与许多私营部门组织（非营利组织和营利性组织）财务之间的关系。

4.2　财政年度

预算的传统形式而且依旧是最为基本的形式就是预算一般授权一年的支出。由于此处的一年不一定是公历年，所以它有自己的术语，即财政年度——与公共财政有关，一个基本过时的公共资金术语，或者更通俗地来讲是财政或会计年度。这种年度周期是各种组织的典型特征，但在政府中它往往有其特殊意味，因此就有自己的专有名词：年度性。

在极端形式下，年度性意味着一旦财年结束，所有预算授权资金支出随即结束，政府已签署合同的所有财务要素统统失效，包括雇佣合同。因此，假如接下来的财政年度没有预算，政府官员就被迫回家，没有工资；承包商不得不与政府重新谈判他们的合同。

在另一极端形式下，年度预算更接近于一个指导原则，它不直接产生法律后果，也可能根本不存在正式后果。但是在一个特定的政府中无论年度性作用如何，控制周期的核心仍是一年。尽管控制年度周期方面存在明显问题，但我们仍然期望得到年度预算和会计。为了解决这些问题已经做了很多尝试，有些方法比较成功，有些不行，但年度性依然存在。

在最高层次上，控制周期是由代表公众（纳税人或选民，他们的钱正在被花掉）的政治家来管理。但对这些政治家的问责是在选举时，而选举很少每年进行。两次选举之间为多年任期，并不一定与财年相吻合。有一种逻辑认为，对公众来说理想的计划和控制周期是这样的：参选政治家在其竞选宣言中加入其未来任期的预算，然后选民通过其投票来授权预算，并由选民控制实际预算开支。这里存在许多实际障碍，尤其是现任政治家和反对派之间的信息不对称，通常会阻碍这一逻辑的实施，但这是理解预算为何偏离理性理想的重要部分。

另一个问题是特定服务的管理周期不一定与财政年度相同。在教育服务方面，学年往往不同。对预算持有者和控制者来说，这也许只不过是一个技术问题，但它可能存在实际困难，例如，在一个学年开始时有新的任命，但下年年度预算的后果并没有得到承认。

还有一个问题是许多政府活动需要一年以上的时间才能实现。大型资本项目（会计通常定义为收益超过一年的实体项目）如办公楼、机场、道路、医院、学校，通常需要一年以上的时间来建设。扫盲、经济发展等主要计划方案需要许多年才能产生效益。换言之,在稳定的政府中一年是短期,但这必须从中长期的角度来判断和做出决定。权衡现在和未来是我们生活的根本,也是政治学、经济学、会计学的基础,但年度预算的主导地位可能会阻碍这种理论的权衡。

虽然在稳定的环境下,一年可能是短期的,但在不确定的情况下,一年就会太长。早在下一个预算通过之前,授权的年度预算就可能因情况变化而变得无关紧要。这种不稳定性可能非常严重,以至于建议预算应具有持续变化的能力,并且经常达到持续有效变化的程度。

在任何复杂的组织中,财政年度开始之前编制年度预算申请并获得授权的过程可能需要很长时间,而预算一经批准,下一年度的预算过程又会重新开始。负责支出的官员和会计往往觉得他们把一整年的时间都花在了预算上。这一问题表明,涵盖时间超过一年的预算将是有用的。对这一论点最自然的反应就是预算应涵盖两到三个财年,而不是几个财年片段。

当预算以财政年度为基础时,通常情况下年度预算的形式或变化如表 8 所示。20×2 年的预算以 20×1 年的预算为基础。在编制该预算时(刚好在 20×2 财政年度开始之前),20×1 年的大部分预算已经执行。因此,政府对 20×1 年预算的结果有了更多的了解,可以编制 20×1 年的调整预算,这将有助于确定 20×2 年的预算。在编制 20×2 年预算时,只有 20×0 年的实际值可用。

表 8　　　　　　　　20×2 财年乌托邦市年度预算栏目

单位:千英镑

项目	实际数 20×0 年	原始预算 20×1 年	调整预算 20×1 年	预算 20×2 年

除了年度预算外,政府还可以根据财政年度编制中期预算。表 9 是未来几年预算的明显形式。

表9   20×2—20×5财年乌托邦市中期预算栏目

单位：千英镑

项目	预算20×2年	预算20×3年	预算20×4年	预算20×5年

4.3 投入、产出和结果预算

绩效评价要求对政府提供的服务进行规划、执行和监督，包括对特定服务的评价。由此产生的非财务指标本身对预算的财务控制并非必要。投入预算控制的传统形式可以脱离服务提供者对产出和结果的控制，而且通常都是这样的。这不仅是因为非财务指标的技术困难，而且是因为服务提供者利用其在产出和结果方面的专业知识作为预算过度支出（有时支出不足，尽管并非经常）的理由，从而试图破坏预算控制。

然而，将投入与产出和结果分开并不合理，理性控制的方法是将三者联系起来。政治家、纳税人、服务使用者要求明确考虑并评价产出和结果；会计的任务是将它们与预算联系起来。由于种种原因，绩效评价本身非常具有挑战性，而这项任务也非常具有挑战性。人均成本（学生、客户、病人）和每千人成本的传统评价指标将投入和产出联系起来，是有用的，但它们是用于结果的非常粗略的替代指标，不是政治家、纳税人、服务使用者所使用的那种绩效评价指标。此处使用的各种直接产出指标必须简单具体，因此不适合代表规划、执行和监督服务提供时的复杂性。解决这一两难困境的典型办法是在预算的同时，提出一些绩效的增量变化指标，仅表明投入、产出、结果之间的因果关系，并不明确肯定存在因果关系。

第 4 章
预算政策和过程

4.4 预算过程

预算编制和授权的过程是漫长而复杂的,其本身会消耗大量资源。书面预算说明中对此进行了描述,以便每个参与者都知道需求是什么,然而非正式的谈判和讨价还价从来都不可能完全通过书面代码涵盖。

预算过程最终会在财政年度开始前生成授权预算。将目标设定在尽可能接近财政年度目标的原因是为了尽量减少预测未来一年事情时不可避免的不确定性以及尽可能多地掌握有关本年度实际支出的信息。在财政年度开始前授权预算的原因是显而易见的,特别是在预算未经批准前任何种类的支出都不能在预算系统中发生。这可能是一个微妙的平衡,既不太迟也不太早,但即便如此,最终达到平衡的过程通常都是一个漫长的过程。

在一个特定的政府中,这个过程会有所不同,但一般来讲包含三个不同的阶段。第一阶段是为政府中每个预算编制人编制预算,然后将这些因素综合起来整体考虑。在编制整体预算草案之前,往往需要在这个阶段修改个别预算。在最后阶段,预算草案将提交给主管部门最后批准,这里可能包括一个独特的中间步骤,即如果实行参与型预算编制,预算或预算的一部分将提交给选民征求意见,甚至提交批准。

无论政府的哪个部门负责这几个阶段,都将是该政府中最有实权的部门。将政府内部个别预算持有者的需求和愿望转变为整个政府的需求和愿望,显然不是中立的,即使资源再充足,也总会出现争夺资源竞相消费的需求。鉴于预算在财务控制中的重要性,中央财政部门的会计人员会要求各服务部门或各地区分部提供必要的信息,再由他们负责编制详细预算。

但是，即使服务部门和地区分部负责完成全部具体工作，财务部门通常也要负责制定或保持统一规则，确立时间表，对经济和财政状况假设给出指导意见，提供专业的财务信息（例如债务和支持服务成本），并总结整体预算。

对于任何预算过程都存在一个至关重要的问题，就是这一过程是否应从主管部门确定财政年度支出的总限额开始。限额的常见表达方式有：作为本年度预算增长的百分比（以名义现金价格计算），作为实际增长的百分比（增长超过总物价水平变化的百分比），作为本年度支出削减的百分比（以名义或实际价格）。还有一种极端选择是主管部门首先让预算持有者编制预算，提出他们的需求和愿望。由于预算由支出限额定义，因此，在这个过程中的某个时点会出现一个总限额，但总限额可能出现在第二个阶段或最终阶段。

预算过程一开始就设定支出总限额会影响授权预算的基本性质。即使预算几乎不提及产出和结果，也会体现预算人员的需求、愿望以及资源。相对复杂的政府中，主管部门不可能在财政年度之前就知道预算持有者的需求是什么（即使他们想知道）。因此，支出总限额不能指需求，而只能指资源。但考虑到这一点，如果投入的价格在限额设定（财政年度之前的几个月）、预算授权（恰好在财政年度之前）和当年支出之间发生变化，那么支出总限额的合理基础是什么？

其中一个合理基础可能是不以名义现金价格来设定限额，而以实际价格设定限额。换言之，财政年度内从预算过程开始到最终支出之间发生的任何价格变动，单项预算（其结果就是总预算）都保证自动跟随调整从而设定限额。这种预算指数调整系统也被称为总量预算（这里的"总量"是指投入的数量而不是它们的价格），在严重通货膨胀时期尤其具有吸引力。

若要这种指数化完全合理，就应与具体价格变化相关联，而不是与一般价格变化关联。具体价格是指特定商品和服务的价格；一般价格是指一篮子具体价格的统计指数，其中有诸多组合可能，每一种组合都由特定数量的特定商品和服务定义；相对价格是指一种特定商品或服务价格与一般价格指数之间的差异。具体价格是预算持有者必须支付的价格，记录在他们的分项目中。

但在实践中，尤其是由于政府的规模和复杂性，总量预算往往变成一般价格水平指数化，即通货膨胀的制度化。如果发生这种情况，总量预算背后的原则就变得模糊不清了，因为在没有同步通货膨胀的情况下（这种情况下所有的具体价格都会以相同的百分比增长），初始预算中授权的数量就无法保持。另一个实际问题是，一年内当价格迅速变化时，为了保持价格水平的调整适应预算控制，预算必须固定在特定时间点的价格上，而不是固定在财政年度中实际支付的价格上。总量预算中的预算是"膨胀的通货"，同样，历史成本经营报表和资产负债表经当前购买力调整后也是"膨胀的通货"。

与总量预算编制相比，在预算编制过程之前设定的支出总限额可以说是否定了数量：因为预算被设定成现金数额（有时称为"现金限额"），没有隐性或显性的商品或服务购买数量。这种预算可能会附带一个总体价格水平假设（通常被政府故意设定得很低以抑制经济通胀预期），可是一旦设定了限额，就会假定在预算支出之前它不会改变。

从支出总限额开始编制预算的预算过程将一些分项目排除在限额之外，如果仅是因为这些分项目是"需求导向型"的就好了，因为法律（除适用的预算法外）规定符合特定条件时有权获得政府资金（如失业救济金），从而将预算控制置于申请人的支配之下。

支出总限额的一个特别挑战是所有预算持有者是否适用相同限额。例如，当资源突然明显减少时，政府可以同等、全面地削减预算。其他的办法可能还包括实施彻底的"招聘冻结"或采用"后进先出"的方法来降低成本等,即削减最近开始的服务或计划方案。在困难时期,这样的削减被认为是"公平的"。然而,面对组织长期衰落的前景时,理性反应可能是采取对基本宗旨和目标影响最小化的战略。但是,从支出总限额开始预算过程的问题在于限额本身不允许做出这种理性的反应,因为它没有做出更艰难选择的基础。全面削减预算只是政治上的权宜之计,可能会造成更多的政治冲突。

预算持有者在支出总限额下编制的预算与在总量预算下编制的预算性质不同。在限额下,即使价格没有显著变化,主管部门也会明确否定一定水平的商品和服务数量,进而隐性否定一定水平的产出和结果,把那些问题留给预算持有者解决。极端情况下,这种总限额可以解释为权力集中和责任分散。尽管在限额内对一般价格水平所做的假设有多么不合理,都必须由脱离政府核心职能的预算持有者通过若干阶段来解决存在的任何矛盾。而采用公式化资金向预算持有者分配现金的做法,尤其是故意经常使用基于人头数的不成熟公式进一步加剧了这种影响。在"分权管理"下,管理者有责任管理各种不同的财务和非财务指标并对其负责。这些预算的编制和使用方式可能会有所不同,或者至少如果它们有所不同也不足为奇了。

延伸阅读

1. Berry, A., Coad, A., Harris, E., Otley, D. and Stringer, C. Emerging themes in management control: a review of recent literature [J]. British Accounting Review, 2009 (41): 2-20.

2. Faulkner, D. and Campbell, A. The Oxford Handbook of Strategy [M]. Oxford University Press, 2006.

3. Gilmour, J. and Lewis D. Does performance budgeting work? An examination of the Office of Management and Budget's PART Scores [J]. Public Administration Review, 2006, September/October: 742 – 752.

4. Joyce, P. Does more (or even better) information lead to better budgeting? [J]. Journal of Policy Analysis and Management, 2008, 27 (4): 945 – 975.

5. Kelly, J. A century of public budgeting reform [J]. Administration and Society, 2005, 37 (1), March, 80 – 109.

6. Pendlebury, M. and Jones, R. Governmental budgeting as ex ante financial accounting [J]. Journal of Accounting and Public Policy, 1985, 4 (4): 301 – 316.

7. Posner, P. The continuity of change: public budgeting and finance reforms over 70 years [J]. Public Administration Review, 2007, November/December: 1018 – 1029.

8. Posner, P. Budgeting process reform: waiting for Godot [J]. Public Administration Review, 2009, March/April: 233 – 244.

9. Sterck, M. The impact of performance budgeting on the role of the legislature: a four – country study [J]. International Review of Administrative Sciences, 2007, 73 (2): 189 – 203.

10. White, J. What not to ask of budget processes: lessons from George W. Bush's years [J]. Public Administration Review, 2009, March/April: 224 – 232.

11. Wildavsky, A. Budgeting: a comparative theory of budgetary processes [M]. Boston: Little, Brown, 1975.

12. Wildavsky, A. The politics of the budgetary process, 4th edition [M]. Boston: Little, Brown, 1984.

第 5 章 预算的形式和内容

每个政府组织实际采取的预算形式及其相关内容因组织、国家和时间的不同而不同。会计准则制定机构大大提升了经营报表和资产负债表的一致性,但对预算施加的压力不同。尽管如此,还是可以找到一些共同形式。

5.1 组织结构和项目结构

各级组织都会编制组织的整体预算,但如何具体编制则各不相同。一方面,如果组织存在等级结构(政府就是一个由特定官员组成并对其行为负责的等级机构,最终由高层官员和政治家对政府整体负责),那么预算最自然的形式就是这种组织结构。另一方面,这种组织结构的责任制也反映了组织中的权力结构,相关的预算也是如此。等级结构仍然是政府最常见的形式,特定官员通常分属于不同部委或部门。

在指定的组织结构内,预算可以保持较高的水平,也可以大幅下放。组织结构虽然决定预算,但组织的管理方式有所不同,管理有预算的部门与管理没有预算的部门,从根本上改变了管理可能性的范围。

在典型的等级制案例中,部门是服务专家组成的群体,服务专家通过培训和认证对其专业领域负有特定责任,甚至在获得私营部门专业机构认证的情况下,也可能对该专业机构和公众承担正式责任,超出了他们只对政府雇主负责的范围。这类专业人员可以被定性为军事或文职人员:在军队中,他们可以称为陆军、海军、空军;文职人员可以是教师、警察、消防员、垃圾收集和处置人员、社会工作者、交通工程师、娱乐人员、图书管理员、墓地人员、工程师;作为企业支持服务,他们可以是企划人员、律师、人力资源人员、营销人员、信息和通信技术人员以及财务人员。等级结构要求所有这些群体最终成为整个组织问责制的一部分,但也要求他们作为专家进行管理。

以交易记录为基础的会计系统涵盖了整个组织,下至最小的细节。在理性组织中,这些记录的汇总和报告方式将与预算相匹配,这样预算持有者就可以控制他们所负责的净支出。

基于等级组织结构的预算主导着政府预算。表 10 为这种预算的基本形式。

表 10　20×2 财年乌托邦市基于组织结构的年度预算

单位:千英镑

项目	实际数 20×0 年	原始预算 20×1 年	调整预算 20×1 年	预算 20×2 年
净支出				
公司服务	7,050	6,500	6,750	7,500
教育部	20,500	22,000	23,500	25,000
警察局	15,110	18,000	17,200	20,000
社会服务部	12,250	13,000	12,900	14,500
运输部	5,030	6,000	6,400	6,900
净支出总额	59,940	65,500	66,750	73,900
政府收入				
税收	30,460	35,000	28,880	37,900
补助金	24,570	28,000	29,000	33,000
捐赠	2,350	2,500	2,100	3,000
政府总收入	57,380	65,500	59,980	73,900
政府净支出总额	2,560	—	6,770	—

公司服务由核心支持部门组成,如规划、法律、人力资源、市场营销、信息和通信技术、房地产管理和金融。直接提供政府服务的部门只是典型部门中的一小部分。这些部门的预算和实际情况以净支出的形式给出,每个部门负责收取的任何收入都将纳入该部门的预算。预算是针对整个政府的,因此还包括预计为整个政府提供资金的收入。预算的底线是通过借款来弥补盈余或赤字。严格的平衡预算要求将 20×2 年的预算设置为 0,如果收入超过支出,则为负数(20×1 年的要求也相同)。以现金制为

基础的预算会计可以纳入政府收入中的预计借款，在这种情况下，预算底线将给出当年的盈余或赤字。

组织结构是控制周期内预算的必要形式，但其他形式也是有用形式。除组织结构之外，还必须创建并使用项目结构，它是一种常见的补充形式。项目结构是政府目标的书面声明，代表政府希望从其提供的服务中实现低水平和高水平的产出和成果。它将预算的重点从如何组织政府提供服务转移到这些服务想要实现的目标，当有计量要求时更加强调产出。项目结构被称为项目预算，是全面预算编制技术的一个长期存续的部分。

对于许多政府组织来说，组织结构不同于项目结构，而多功能政府尤其如此，因为项目结构跨越了部门界限。一个政府针对非法毒品供应和使用的方案可以包括许多不同的部门和机构（外交、军事、海关、警察、社会服务、教育），执行方案的方式有时不同，甚至相互矛盾。例如，在国外的军事行动，侧重供应；而小学教育，则注重需求。在单一功能的政府组织中，事实并非如此（根据定义），但即使在这种情况下，项目结构的观点也不同于组织单位实体。还要必须记住，虽然本次讨论的重点是各组织的预算，但项目逻辑也包括跨组织有效使用项目的可能性，即使这种可能性会使情况更加复杂。

以警察部门为例，该部门提供的服务技术性很强且社会影响广泛。该部门主要负责的项目更有可能涉及政府其他部门。例如，侦查犯罪可能与预防犯罪分开。在预防犯罪方面，项目可能强调警察活动的重点是阻止无家可归的年轻人犯罪。但是替代方案往往具有补充性甚至竞争性，可能涉及社会服务部的活动，其重点是在经济发展部的帮助下为无家可归的年轻人找到工作和住房。这三个部门都得到了公司服务部的支持，因此公司服务部的部分工作重点就是预防无家可归的青年犯罪。这种方案跨越了部门界限，项目预算正反映了这一点。

鉴于项目预算是对基于组织结构的预算的补充，因此需要进行对账，从而保持每种预算形式的完整性。表 11 是基于表 10 的摘录，列举了两种形式之间的交叉。

表 11　　　　20×2 财年乌托邦市组织结构预算与
项目结构预算之间的交叉（摘录）

单位：千英镑

项目	方案 A	方案 B	方案 C	一般用途（未分配）	总计
净支出					
公司服务	1,000	1,000	500	5,000	7,500
教育部	18,000	3,000	2,000	2,000	25,000
警察局	500	500	17,000	2,000	20,000
社会服务部	3,000	5,000	500	6,000	14,500
运输部	500	500	500	5,400	6,900
净支出总额	23,000	10,000	20,500	20,400	73,900

这两个预算存在一个技术性会计问题，其实任何预算都有这个问题，只是这两个预算的这一问题明显更大，问题之一就是成本分配。组织结构包含一系列成本，在本例中都是针对公司服务的。这些核心支持服务是联合成本，自然无法追溯到每个部门，会计人员为此制定了任意但有用的分配方法。

在项目预算中，分配问题更为严重，因为所有支出部门和公司服务的员工、土地和建筑物的成本必须分配给每个项目。从数学上讲，任意分配的数量在增加。这是否成为一个严重的问题，只能在每一个实际案例中加以判断。如果不在他们的工作场所，也许雇员自然可以被认为是属于组织单位和项目的，但也许他们不能。表 11 最后一列的数字大小代表每种情况下问题的大小。

这些不同的观点，反映在像预算一样普遍的文件中，可能是体现了对政府服务的不同的思维方式。组织结构本身就是一种权力结构，在这种情况下可以被视为是既定情况。然而，项目结构却能以不同的方式颠覆这一点。一套重要的方法不是以行使权力的方式代表组织，而是以人们接受其所提供的服务的方式代表组织。关注重点越是放在服务接受者身上，如何更好地提供服务的问题就越尖锐。

两性平等预算为预算的求异思维提供了一个很好的例子。这是基于这样一种观点，即性别是帮助解释人类行为的一个重要变量，因此，预算应承认性别差异并做出积极回应。在表11中，可以用假设的女性因素代替项目栏来展示不同于组织结构提供的预算观点。例如，既可以假设也可以实证"感觉安全感"在男性安全感和女性安全感之间存在的显著差异。大多数政府服务机构的组织预算可能会有所不同，强调预算中有多少是用于实现妇女在特定女性意义上的安全感，而不是像预算那样通常假设"感觉安全感"是不分性别的。

5.2 资本预算

从这个意义上说，资本指的是在一年多的时间里为组织带来切实利益的支出，通常涉及复杂的基础设施项目。资本支出可以和运营支出一样纳入年度预算。然而，资本项目并不能自然符合一个年度周期。这不仅是因为它们的实际利益超过一年，有时甚至远远超过一年，还因为它们从获得授权到投入运作往往需要一年多的时间。将资本预算与年度运营预算分开再协调是有优势的。资本预算可以每年编制一次，但有些情况下也可以每隔几年甚至五年更新一次。

这两种预算也可能产生不同的融资影响。由于资本项目在一年多的时间里提供了实实在在的利益，人们自然而然地认为，通过借款来为项目融资是恰当的，因此，也许每年可以通过分摊纳税人的收益与成本相匹配。这是一个难题，尽管通常有很强的常识性因素，而且无论如何在一个已经决定需要财政刺激的政府背景下，都可能是无关紧要的。但更重要的是，任何融资影响都与资本预算作为控制文件的有用性要分开。

由于资本项目通常在技术上很复杂，预算过程可能会更为翔实，从预算申请到授权再到施工，需要更多的时间。资本预算本身有两个不同的组成部分：一是项目建设期间的总成本；二是竣工后几年的运营成本。此外，还涉及范围更广的人员（包括实体规划师、建筑师、工程师），通常还涉及承包商（书面的项目说明书、合同、招标采购、合同执行控制）。表12列出了资本预算，区分了资本现金支付和经营现金支付。

表12　　　　　20×2—20×6财政年度乌托邦市资本预算

单位：千英镑

项目总成本	项目名称	项目详情	规划资本金现金支付表					预计竣工年份	资本项目运营成本	
			20×2年	20×3年	20×4年	20×5年	20×6年		20×3年	20×4年
3,050	项目A		1,560	630	350	—	—	20×3年	—	180
2,100	项目B		580	1,340	—	—	—	20×3年		140
1,500	项目C		1,500	—	—	—	—	20×4年	90	157
4,500	项目D		—	—	3,750	750	—	20×5年		
6,300	项目E		—	—	3,500	2,000	800	20×6年		
			3,640	1,970	7,250	2,750	800		90	477

关于政府提供服务的所有决策，理性方法是决策在纳入战略规划和预算要求之前对其进行评估。资本项目的规模、复杂性、特别广泛的影响，加上自然区别于经营活动的关注度这一事实，常常意味着专家评估势在必行。相关的经济风险通常很高，而且其可见性意味着政治风险往往也很高。尽管进行了复杂的分析，但资本项目仍不断出错（建设和运营成本超

支很常见、延期也很常见），但这有助于强调分析需要改进。然而还有一个额外的因素需要专业的评估技术，那就是时间。一个项目的资本成本可能会持续一年以上，而且切实收益可以延续到未来。时间维度为分析增加了特殊形式的复杂性，此外，随着时间的延长，风险和不确定性也在增加。对于一个没有经验的会计师来说，这似乎是一个悖论：虽然总成本超支是常见的，但在早期项目上通常都是花费很少，这可以解释为工程师和其他技术专家在判断项目从启动到完成需要多长时间上过于乐观。

资本项目评估需要对每个项目的投入、产出和结果的金额、时间、可量化风险和不可量化的不确定性进行估算。在营利性或非营利组织中，投入、产出和结果都是其私有的（其中一些实质上可能是政府条例强迫私人机构承担的公共投入）；在政府中，项目的所有可识别后果都与私人和公共利益相关。在私营组织中，投入、产出、结果通常可以而且在教科书的明确讨论中也会用财务金额来量化，但是结果的财务后果很难评估和保障（例如当人们对生命进行价值评估时）。在政府中，项目的公共后果（通常被称为社会效益和成本）必然更广泛，这意味着财务量化和非财务量化更少，因此更多地依赖于定性评估并且更加注重政治，如果不在项目评估的过程中就在项目的生成和授权中。然而有一种长期存在也许现在仍存争议的经济技术试图将财务量化和非财务量化的数量尽可能增大，同时尽可能缩小定性评估的数量，即成本效益分析。

在估算了投入、产出、结果的金额、时间、可量化风险和不可量化的不确定性之后，未来发生的现金流将贴现（使用贴现系数）到一个共同点，通常是评估的时间，即所谓的现值计算。然后比较所有金额的现值，通过计算效益的净现值（扣除成本），根据估算结果来判断产出是否超过投入适当的数额。对于特殊情况，例如在比较不同寿命周期的项目时使用年金值或终值，这些计算方法存在差异。

第 5 章
预算的形式和内容

在估算未来现金流时，可以使用投入和产出的市场价格，但是如果不能很好地衡量机会成本时当然不能使用不景气市场的价格。因为市场不好（劳动力市场失业、金融和资本货物就业不足、所有市场的准垄断、税收的影响），一些政府项目也会如此。好的市场价格的替代品被称为影子价格，可以通过多种方式进行估算，例如，调查询问哪些人愿意为一项服务的某项具体改进付费（"与公共汽车相比，选择乘出租车旅行，您将支付多少额外费用？"）；面对不同成本和收益的一种服务的两种形式的明确选择时，观察什么人愿意付费（一段特定旅程选择租车而非乘坐公共汽车需要支付多少费用）。

贴现系数的选择是一个难题，因为关于适当利率的理论是矛盾的。该系数权衡了未来净收益和当前净收益，可以分为两个要素：一个人对未来相对于现在的偏好（称为时间偏好）以及未来相对于当前的风险和不确定性。后者包括未来一般价格变化对货币价值的未知影响。在实践中，这个问题的解决方法是将所有现金流表示为在估价之日估价的货币（通俗地说是"今天的价格"）。这被称为实际现金流。只要贴现系数也是真实的，那么这个评价就是合理的。

时间偏好和其他不确定性更难处理。个人、市场、人口的时间偏好率可能会大不相同。当优先考虑当前因素时，可以观察到较高的贴现率；当强调未来时，那么贴现率就会较低。好的市场利用做市商不同的时间偏好率，并将其转化为市场利率。但是，与投入和产出的市场价格一样，这并不一定适合政府项目。例如，政府项目可能只是因为市场（使用高贴现率）采用了政府认为的短期观点，政府就会认为这将产生严重的长期后果，因此更倾向于低贴现率。

在良好的货币市场中，可观察到的利率是时间偏好、风险和不确定性的组合。然而，应该使用哪种方法仍然很难抉择。如果只是为了反映通常对更高风险的预期，则私营部门投资的利率预计将高于政府投资的利率。

政府项目使用较高利率的一个理由是允许在私营部门和公共部门之间进行公正的比较，即通过保持贴现率相等，可以比较项目的所有其他方面，以评估哪个部门更擅长提供服务。一种对立的观点是如果政府筹集资金的成本能够低于私营部门，这就是一个项目进入公共部门的充分理由，因此应使用较低利率来反映这两种投资形式的固有偏差。针对这一对立观点，其中一种回应是随着公共投资在国民收入中所占比例的上升，公共投资的风险也将上升，这可能是因为公共投资的增加排挤了私人投资。

项目金额、时间、可量化风险、贴现系数都有各种可能性，对这些可能性的最佳估计会严重影响项目的可接受性。实际的应对措施包括敏感性分析，以识别一些更重要的可能性。存在差异但又看似合理的贴现系数对净现值的影响是一个明显的实例。例 11 是对项目 A 的评估，仅基于现金流并使用两个贴现率进行敏感性分析。

例 11

本项目的现金流维系整个项目的完成，即 20×4 年之前的资本现金流出以及从 20×4 年开始 26 年运营项目的现金流出减去现金流入。预估时间和金额见表 13，假设所有现金流均发生在年底。到 26 年结束时这个项目的售价金额将忽略不计。

表 13　乌托邦市资本项目 A 的项目评估：传统方法——现金流

单位：千英镑

[起始日期] 20×2 年	未来现金流的净现值		年末 [日期] 现金流			
	6% 贴现率	8% 贴现率	20×2 年	20×3 年	20×4 年	从 20×5 年起 25 年
资本现金流	—	—	(1,560)	(630)	(350)	—
经营现金流	—	—			(180)	(180) 每年
总现金流	(4,306)	(3,817)	(1,560)	(630)	(530)	(180) 每年

净现值为负（6%时430.6万英镑，8%时381.7万英镑），正如最终由税收提供资金的项目所预期的那样。然后可以将评估扩展到包括社会成本和收益，通常很难但并非不可能为其分配货币价值。项目显然会带来效益，否则不会被纳入资本预算，但也可能会产生社会成本，可能会对环境造成损害，或给居住在项目附近的人带来不便。这些净社会效益的货币价值已纳入例12，显著改变了项目的净现值（6%时8.6万英镑，8%时−36.1万英镑，见表14）。

例12

本项目的现金流维系整个项目的完成，即20×4年之前的资本现金流出以及从20×4年开始26年运营项目的现金流出减去现金流入。预估时间和金额见表14，假设所有现金流均发生在年底。到26年结束时这个项目的售价金额将忽略不计。从20×4年开始26年的净社会效益估值为每年400,000英镑。

表14 乌托邦市资本项目A的项目评估：
传统方法、现金流和净社会效益

单位：千英镑

[起始日期] 20×2年	未来现金流的净现值		年末[日期]现金流			
	6%贴现率	8%贴现率	20×2年	20×3年	20×4年	从20×5年起25年
资本现金流	—	—	(1,560)	(630)	(350)	
经营现金流	—	—	—	—	(180)	(180)每年
净社会效益	—	—	—	—	400	400每年
合计	86	(361)	(1,560)	(630)	(130)	220每年

20世纪90年代，英国政府制定了一种针对资本项目的激进方法，称为"私人融资计划"。从表面上看，它的名字并不能很好地反映其本质。

从私营部门借款一直是资本项目直接融资（专项借款）和间接融资（增加一般债务水平）的一种常见方式。新的情况是私营部门不仅被用来直接融资资本项目，还用于建设和运营该项目，以换取每年的固定付款（例如30年，称为主要特许期）。这项政策的名称现在很显然是恰当的，即让私营部门参与资本项目的更多方面，并主张这些项目在主要特许期内归私人所有并由私人经营。这只是一个主张，财务会计和报告都可以抗衡，但这是政策发展的一个重要部分。在主要特许期结束时，付款停止，项目所有权和管理权由政府接管。

与传统项目相比，这些资本项目的经济实质是风险转移到了私营部门，伴随而来的回报反映在年度付款中。由于项目的重要部分继续归政府所有，公共部门保留了一些显性风险以及所有"大到不能倒"的项目的隐性风险和回报。与传统项目相比，这些项目的前提是提供更好的服务，因为公共部门和私营部门之间可以更好地分担风险。这一前提的额外重点是因为在许多资本项目中，风险的可见度越来越高。这也是因为传统方法的另一个根本问题，即资本项目的巨大热情往往与后续日常维护的低落情绪形成鲜明对比。私人主动融资项目的性质迫使项目在决策时就必须明确规定整个项目生命周期内的可量化风险和适当日常维护的预期成本。

英国的私人融资计划只规定了各个项目合同的大致参数，而不是每个项目的细节。细节留给每个政府组织与承包商谈判。实际上，风险分担有许多变化，包括使用名义收入的新方法，例如，通过跟踪免费公路上的交通量和产生影子通行费来确定对承包商的付款。

私人融资项目需要与传统方法进行明确的比较。两者成本上的一个显著区别就是私人主动融资方法签约和监控的额外成本。这两种方法中，合同的详细规范要求会给政府和承包商带来成本，包括未中标的投标人。但在传统方法下，这些只涉及项目的资本方面；在私人融资方法下，它们会延伸到整个主要特许期的融资和运营方面,包括项目结束时项目转让给政府的转让条款。问题在于这些额外成本将是显性的,而传统方法下的运营资本项目的组织成本将更不可量化。

将传统方法与私人融资方法进行比较时,凸显了传统方法下私营部门和公共部门费率之间选择适当贴现系数的问题。在私人融资方法中使用私人利率,而在传统方法中使用较低的政府利率,这本身可能会决定哪种方法更好。这两种方法不可量化的不确定性随后被定性地添加到评估中。

例13显示了项目A作为私人融资项目的评估,仅使用现金流。当贴现率为6%时,传统方法产生更好的净现值;当贴现率为8%时,私人融资方法更好。在这两种方法之间进行选择时,对贴现系数的这种敏感性并不罕见。

例13

项目从20×4年开始运营,当年支付给承包商的现金为250,000英镑,此后25年每年支付420,000英镑。预估时间和金额见表15并且假设所有现金流均发生在年底。在26年结束时乌托邦市将从承包商手中接管项目,但出售价格忽略不计。

表15　　乌托邦市资本项目A的项目评估:
私人融资法(PFI)——仅现金流

单位:千英镑

[起始日期] 20×2年	未来现金流的净现值		年末现金流[日期]			
	6%贴现率	8%贴现率	20×2年	20×3年	20×4年	从20×5年起25年
资本现金流	—	—	—	—	—	—
PFI现金支付	—	—	—	—	(250)	(420)每年
合计	(4,463)	(3,493)	—	—	(250)	(420)每年

如果我们现在将净社会效益加入私人融资项目中,传统方法仍将首选6%的贴现率。然而私人融资项目的目的也是将一些风险转移给承包商。例14介绍了净社会效益以及运营年份每年评估值为250,000英镑的风险转移,这将改变以6%的贴现率优先选择私人融资项目的决定。

例14

项目从20×4年开始运营,当年支付给承包商的现金为250,000英镑,此后25年每年支付420,000英镑。预估时间和金额见表16并且假设所有现金流均发生在年底。在26年结束时乌托邦市将从承包商手中接管项目,但出售价格忽略不计。从20×4年开始26年的净社会效益和风险转移估值为每年425,000英镑。

表16　乌托邦市资本项目A的项目评估：私人融资（PFI）、现金流、净社会效益/风险转移

单位：千英镑

[起始日期] 20×2年	未来现金流的净现值		年末现金流			
	6%贴现率	8%贴现率	20×2年	20×3年	20×4年	从20×5年起25年
资本现金流	—	—	—	—	—	—
PFI现金支付	—	—	—	—	(250)	(420)每年
净社会效益/风险转移	—	—	—	—	425	425每年
总计	198	—	—	—	175	5每年

把资本预算和经营预算分开,然后再把它们联系起来,这在政府、非营利组织和营利性组织中是合理的,也是司空见惯的。然而,也有一些值得注意的案例(美国联邦政府就是其中之一),他们大力支持不分离的做法。只有在包括预算的会计基础时,这些论点才能被理解。美国联邦政府

采用的是基于义务的预算,与权责发生制预算形成鲜明对比。义务预算的核心是在决定授权项目预算时,资本项目的成本在预算中是全额计入的。这一点被认为很重要,因为可以实现对授权预算的政治家的控制。相比之下,基于权责发生制的预算则通过折旧费在运营预算中对资产寿命周期内的资本成本进行评分。

关于权责发生制预算的相反论点是,权责发生制预算在决策时也会对资本预算中的全部金额进行评分。但是,实践中由于单独运营预算和单独资本预算的融资方式不同,这种相反论点的效力可能不大。如果政府决定可以通过借贷对资本预算进行融资,而经营预算必须通过税收来融资,那么从政治家的角度来看,资本预算的得分远低于经营预算的得分。因此,基于义务的预算是一个单一的(统一的)预算方式,在承担义务时会对所有运营和资本成本评分。

基于权责发生制的预算可能会回应这一论点,坚持认为资本预算可以控制到与经营预算相同的程度,但可能以不同的方式。部分原因可能是不能承认资本预算可以通过借贷来融资。

5.3 分项、递增预算

分项是会计人员在经营报表、资产负债表和现金流量表中对收入、费用、资产、负债和现金流量的会计分类。运营预算中,分项主要是对申请资金的采购内容进行分类(即投入,当然尽管预算也包括收入的分项目)。分项预算可以用于任何结构,但最自然的是与组织结构相关联。

然而,将组织结构和分项结合的方法多种多样。结构可以从高度汇总到详细分类，分项也是如此。表17给出了高度汇总的分项目。

表17　20×2财政年度乌托邦市基于组织结构总支出的年度预算：以各部门支出预算饼图为基础

单位：千英镑

项目	实际数20×0年	原始预算20×1年	调整预算20×1年	预算20×2年
总支出				
公司服务	7,050	6,500	6,750	7,500
教育部	22,820	24,500	26,250	28,000
警察局	20,560	24,000	23,500	27,500
社会服务部	13,920	14,500	14,500	16,250
运输部	6,920	8,000	8,500	9,400
总支出合计	71,270	77,500	79,500	88,650
服务收费				
公司服务	—	—	—	—
教育部	2,320	2,500	2,750	3,000
警察局	5,450	6,000	6,300	7,500
社会服务部	1,670	1,500	1,600	1,750
运输部	1,890	2,000	2,100	2,500
总收入合计	11,330	12,000	12,750	14,750
净支出总额	59,940	65,500	66,750	73,900

表18给出了相同的预算，但是根据预算将采购内容及融资方式进行了总结。这种概述非常有用，例如可以说明员工成本占预算的比重。

表18　20×2财政年度乌托邦市基于总支出和总收入"行项目"的年度预算：以政府整体使用预算采购和支付的饼图为基础

单位：千英镑

项目	实际数20×0年	原始预算20×1年	调整预算20×1年	预算20×2年
总支出				
员工	58,590	63,250	64,000	68,700
经营场所	5,980	6,640	7,240	10,380
运输	4,320	4,500	4,900	5,600

续表

项目	实际数 20×0 年	原始预算 20×1 年	调整预算 20×1 年	预算 20×2 年
物资	1,230	1,450	1,380	1,570
利息	1,150	1,360	1,980	2,400
总支出合计	71,270	77,500	79,500	88,650
总收入				
税收	30,460	35,000	28,880	37,900
补助金	24,570	28,000	29,000	33,000
捐赠	2,350	2,500	2,100	3,000
服务费	11,330	12,000	12,750	14,750
总收入合计	68,710	77,500	72,730	88,650
政府净支出总额	2,560	—	6,770	—

一个高度汇总的、权力下放的预算可以是这样的,即每个部门都有一个单一的分项预算。表19是高度集中的预算的详细规范。

表19 20×2 财政年度乌托邦市社会服务部年度预算中的"分项"明细

单位：千英镑

项目	实际数 20×0 年	原始预算 20×1 年	调整预算 20×1 年	预算 20×2 年
总支出				
员工				
薪金	8,465	9,255	9,370	11,040
薪金税	340	390	520	630
养老金缴款	985	1,020	1,175	1,280
工资	1,560	1,700	1,700	1,750
工资税	20	25	25	30
养老金缴款	90	110	110	120
员工合计金额	11,460	12,500	12,900	14,850

在递增预算中,根据上一年预算的边际变化来调整下一年的预算申请。当政治学家亚伦·威尔达夫斯基在20世纪60年代初观察到政府预算

的这一部分时，在他所著的关于预算流程的著名文献的开篇将其称为"递增论"。这种做法并没有什么新意，但他的命名法一直沿用至今，尽管这个词误导性地暗示，这种做法必然会导致预算逐年增加。预算编制的这一特点的实质不是预算必须总是增加，而是预算必须根据前几年的边际变化进行调整，而边际变化原则上可能是减量。

表20是增量预算如何产生的一个例子，强调了边际变化的典型调整。

表20　　20×2财政年度乌托邦市社会服务部年度预算的
增量分析：承诺增长

单位：千英镑

项目 [1]	原始预算 20×1年 [2]	调整预算 20×1年 [3]	20×2年预算：20×1年原始预算加上承诺增长					20×3年预算：20×2年预算加上进一步的承诺增长	
			支付奖励 [4]	其他增加成本 [5]	20×1年招聘的全年员工 [6]	资本项目运营成本 [7]	其他 [8]	承诺预算 20×2年 [9]	资本项目运营成本 [10]	承诺预算 20×3年 [11]
员工										
薪金	9,255	9,370	315	—	780	—	—	10,350	—	12,350
薪金税	390	520	15	—	30	—	—	435	—	650
养老金缴款	1,020	1,175	55	—	1,090	—	—	2,165	—	3,400
工资总额	10,665	11,065	385	—	1,900	—	—	12,950	—	16,400

由于认识到增量变化是可以控制的，导致预算报表格式试图隔离出产生变化的各种原因。在本年度的原始预算（第2栏）中加入了成本增加和薪酬奖励（第4栏和第5栏）以及承诺增长的金额（第6栏—第8栏），以产生承诺预算数字（第9栏）。这种情况下，如果第2栏所列费用所指的基本活动水平将在明年进行，那么这将需要第9栏所示的数额。唯一增

加的项目是第 10 栏和第 11 栏中用于进一步增长的金额。如果不审查现有基数，那么这些是唯一可以控制的金额。

会计人员会批评递增预算，指出去年的预算在授权时是一种预测，过去的预测并不是进行当前预测的最佳依据，最好是将去年的预算与实际净支出进行比较，以测试该预测的效果（这将为政府在预测方面提供指导），并利用去年的已核实信息对今年做出预测。第 3 栏的目的是对去年的支出做出更为及时的预测。然而，在这样做的过程中，有一个棘手的实际问题深刻地影响到预算周期的性质。问题在于预算是在财政年度之前制定的，其最后阶段是在上一个财政年度的第 10 月、11 月和 12 月。因此，上一财政年度的调整预算——基数，仅限于在第 7 月、8 月或 9 月结束时对该年度进行预测，这取决于会计系统在编制支出中期数字方面的效率。此外，在编制当年的最终数字时，这些预测必须考虑到在财政年度结束时发生的活动激增的结果。这些实际问题意味着，虽然前一年的修正预算确实提供了有用的信息，但很少能替代实际支出的数字。

表 21 给出了预算概要，不仅显示了承诺的增长，还显示了未承诺的增长，包括去年预算削减的边际变化，其中未承诺的增长反而是支出的减少。

表 21　20×2 财政年度乌托邦市年度预算增量：承诺增长和未承诺增长

单位：千英镑

项目	原始预算 20×1 年	承诺增长	未承诺增长	预算 20×2 年
总支出				
员工	63,250	4,150	1,300	68,700
经营场所	6,640	2,490	1,250	10,380
运输	4,500	850	250	5,600
物料	1,450	270	(150)	1,570
利息	1,360	540	200	2,400
总支出合计	77,500	8,300	2,850	88,650

续表

项目	原始预算20×1年	承诺增长	未承诺增长	预算20×2年
总收入				
税收	35,000	—	2,900	37,900
补助金	28,000	—	5,000	33,000
捐赠	2,500	—	500	3,000
服务费	12,000	—	2,750	14,750
总收入合计	77,500	—	11,150	88,650
政府净支出总额	—	8,300	8,300	—

随着经济的增长，管理者更自然地将去年的预算视为既定目标，然后确定在当前提供服务的方式上增加的支出如何能够改善它们以及在提供改进服务的不同方式上增加支出。在削减开支的情况下，开支的减少（在现有的服务提供方式上或在不同的方式上）将会对基数本身产生更大的影响。换言之，如果要削减预算，必须在多大程度上重新审视基数？

回答这个问题的一种经常性方法是核心控制人员向预算持有者提出一份时间表，列出他们将采取的措施，例如，削减5%、10%和20%。这种方法并不像它看起来的那样是线性变化的。10%的削减不一定是在5%限制下削减额加上余额组成的，因为削减的规模可能会改变优先事项。削减幅度越大，对剩余基数的影响就越大。此外，虽然这种方法可能是要求采取各种办法来应对全面削减，但它并不一定导致所有部门或方案都进行同样的削减。全面削减如果以这种方式表达，就必须忽略不同部门的不同产出和结果，因为可以假定投入、产出和结果之间的关系不会是统一的。当金融危机主导了包括政治敏感性在内的所有其他考虑因素时，进行此类削减的必要性就很大了。

首先是询问预算持有者，如果他们的预算比前一年减少20%，他们会怎么做。这个预算周期可以称为80%基数预算的增量系统。这种方法的一个合乎逻辑的延伸是询问预算持有者，如果他们的个人预算减少到零，他们会怎么做,这就是零基预算编制系统。

5.4 产出评价和成果

上节中的预算侧重于投入。政治家、纳税人和服务使用者要求明确考量产出和结果,会计的任务是将其与预算联系起来。由于种种原因,绩效评价非常具有挑战性,这项任务也非常具有挑战性。

传统的人均成本(学生、客户、病人)和千人成本的评价标准将投入和产出联系在一起,虽然很有用,但它们是评价结果的粗略指标,而不是政治家、纳税人或服务用户的绩效评价指标。他们所使用的直接产出指标必须简单而具体,因此不适合代表服务提供的规划、执行和监测的复杂性。解决这一困境的典型办法是在预算中附带一些绩效增量变化的输出指标,因此只是暗示投入、产出和结果之间存在因果关系,而不是断言它们存在因果关系。

表 22 所示为如何在预算中增加指标。

表 22　　截至 20×2 年[日期]乌托邦市教育部中学年度预算附加的成果指标

项目		实际数 20×0 年	原始预算 20×1 年	预算 20×2 年
生均成本		4,650 英镑	4,800 英镑	5,100 英镑
千人成本		850 英镑	890 英镑	950 英镑
英语	14 岁学生:			
	A	71%	69%	70%
	B	18%	19%	20%
	C	11%	12%	10%

续表

项目		实际数 20×0 年	原始预算 20×1 年	预算 20×2 年
数学	A	58%	60%	65%
	B	20%	22%	25%
	C	22%	18%	10%
科学	A	77%	78%	80%
	B	17%	17%	15%
	C	6%	5%	5%
16 岁学生：5 个或 5 个以上 A 或 B 级		44%	44%	45%

5.5 零基数审查

递增预算描述了预算的通常编制方法和长期以来的编制方法，这会招致批评，认为合理的预算不应以去年的基数为起点。会计师批评说，递增预算的周期从原始预算到原始预算，并没有打破需要核实详细的预算实际支出数，而预算实际支出数是增量预算周期中的一部分。使用去年的预算数作为基数，招致了更为广泛的批评，因为它假定基数是资源的最佳配置，只需要对其进行微小的改变。

这种批评的逻辑延伸是预算不应以去年的实际支出为基础，预算中的一切都应完全合理地作为资源分配的一部分，因为预算应为零基数。作为对预算的一个警告就是不要简单地假设去年的预算是一个可靠的基础，这个想法太古老。作为全面预算体系的精髓，即零基预算，始于 20 世纪 60 年代的美国。最初零基预算被用于私营部门，此后特别是在 20 世纪 70 年代，在美国的一些政府中进行了试验。它以某种形式在不同的场合下（包括英国）被断断续续地使用，但作为一个综合性的体系，并没有成为预算实践的主导。

其中一个原因是，尽管零基预算的逻辑不容置疑，但它与我们所知的年度预算的技巧性有关，而与政府活动的实际情况无关。该预算对于所有形式的控制都至关重要，当然，它确实反映了一个自然周期（尽管假设该周期开始时是人为的），但它现在仍然是人为的。政府的收入和支出以及所有其他没有直接财务效应的政府活动，都是实时流动的，而不是离散的时间段，更不用说在年度休息时。在大多数情况下，政府零基预算的逻辑是不合逻辑的。对政府流程施加年度技巧是必要的，但在零基数情况下每年运用这种技巧通常是不符合逻辑的。每年所有政府活动产生的必要信息成本很高。

从结果、产出和投入的角度来看，部门或方案需要不断重新审查。在递增预算中，由于预算可以持续数年，从一个预测到下一个预测，而不以实际发生的事情为基础，因此，预算冗余可能会累积起来，然后被用于不太理想的支出。当然，服务部门无论如何都会不断地重新审查他们的服务，很可能包括财务影响。而绩效审计的实践也将继续促进同样的重新审查。

一个新政府，特别是长期在野后接任的新政府，自然不会将其第一个预算建立在前一年的预算基础上，因为这本来就是上届政府的预算。零基预算的吸引力可能会被利用，尽管在第一年之后使用这种技术的热情自然会变得黯然失色。

延伸阅读

1. Burrows, G. and Syme, B. Zero-base budgeting: origins and pioneers [J]. Abacus, 2000, 36 (2), 226-241.

2. Edwards, P. and Shaoul, J. Controlling the PFI process in schools: a case study of the Pimlico Project [J]. Policy and Politics, 2003, 31 (3): 371-385.

3. Froud, J. The Private Finance Initiative: risk, uncertainty and the State [J]. Accounting, Organizations and Society, 2003, 28 (6): 567-589.

4. Ismail, S. and Pendlebury, M. The Private Finance Initiative (PFI) in schools: the experience of users [J]. Financial Accountability and Management, 2006, 22 (4): 381-404.

5. Jones, L. and McCaffery, J. Reform of the Planning, Programming, Budgeting System, and Management Control in the U. S. Department of Defense: Insights from budget theory [J]. Public Budgeting and Finance, 2005, Fall: 1-19.

6. Makowsky, M. and Wagner, R. From scholarly idea to budgetary institution: the emergence of cost - benefit analysis [J]. Constitutional Political Economy, 2009 (20): 57-70.

7. Martin, S., Rice, N. and Smith, P. Does health care spending improve health outcomes? Evidence from English programme budgeting data [J]. Journal of Health Economics, 2008 (27): 826-842.

第 6 章 预算控制

政府预算对于外部问责制十分重要,此外作为内部控制的重要组成部分也很有用处,因为管理会计系统和更广泛的管理控制系统都是围绕预算建立的。这种预算控制是会计的一项主要职能,只是实施控制的方式不同而已。

6.1　集中财务控制

关于预算控制，传统而持久的观点认为既然货币是核心，那么整个组织的财务负责人就会重点关注支出部门的每个预算持有者的直接和精细的控制。预算过程中这种侧重于投入的精细控制并不是不关注产出和结果，而是在预算过程中对它们的重视不够。分项——基于组织结构的递增预算——就是预算采用这种控制方法的自然形式。这种控制实施方式符合整个组织负责人的利益，但往往也符合政治家和公众的利益，因为支出的钱正是他们自己的。对某些群体来说，无论何时都必须控制金钱，由组织中心直接控制和细化控制各部门的开支永远都是适当之举。

控制金钱总被当成必要之举，但有时会面临一些其他情况，从而有更多的选择来影响产出和结果，进而保证投入和产出控制之间更加微妙的平衡。建立权限更加下放的预算控制系统是曾经的一个主题，在这一系统下组织中心对投入和产出保持全面而广泛的控制，而下放了精细控制。不过预算控制的种种要素可以通过诸多不同的方式组合使用，尤其是当一种综合全面的方法比另一种方法更合适时，不可能对其进行分类，但是可以界定集中财务控制的要素，并确定改变这些要素的典型方式。

从会计角度来看，直接、精细的集中财务控制是一种理想控制形式，在现代政府的早期发展时期全都采用，尤以英国政府最为典型。尽管现代政府的预算规模以前所未有的速度增长，但这只与下述想法有关，即公共资金必须花在钱能买到的最便宜的东西上，特别是用于日常的经常性支出。集中财务控制的要素被称为预算理论的经典规则，即统一性、平衡预

第6章
预算控制

算、非抵押收入和全面预算原则、年度性和规范性。

世界各国政府都或多或少地熟悉上述规则，之所以称之为"规则"是因为它们最适合欧洲大陆的典型情况，例如这些规则都体现在上至宪法下至法规的各种法律中。相反，英国主要是践行这些原则，而且非常普遍，但是"只做不说"。从这个意义上说，这些原则是典型的管理会计，而非财务会计，主要因为不受监管。这势必造成一个后果，即英语语系国家会计普遍熟悉上述原则，但各有各的操作。曾经有一段时间，至少在思维方式上可以察觉到原则的应用出现了敷衍偏离的趋势，但有必要明白集中财务控制的传统激励机制依然强势。

统一性的原则是，组织作为一个整体预算是唯一的，且有预算才能有支出，即把所有鸡蛋放在一个篮子里进而控制篮子，结果就是不产生任何预算外的资金。没有一个预算持有者能够像企业一样利用自己的收入来为未来支出提供资金，无论运营支出还是投资支出。预算持有者的活动由预算资助，并非自筹资金。统一性提供了一种可能性，即以政治家和中央财政控制者为代表的组织中心可以在各部门和各方案的所有预算持有者之间进行必要的权衡，从而确定由谁花钱、花了多少、怎么花的。

总体预算必须支付，中央财政控制者有责任确保资金到位。一个关键的决定是关于借款和税收的组合。第二个经典规则是平衡预算，意思是完全通过税收来为预算提供资金。从常识来说就是做到严格控制，无论常识关系到作为个体的我们中每一个人还是关系到组织，因为来年的服务由来年的税收支付。政府能否负担得起预算授权的开支关键在于能否征收必要的税收。从狭义控制且长期存在的观点来看，收税越早越好。

政府资金靠税收提供，这就切断了服务点免费配送服务时的服务开支与开支支付之间的联系，而严格平衡预算则是中央财政控制者重建或恢复这一联系的途径。开支最终还是由纳税人买单，平衡预算就是强迫纳税人在开支发生时买单。纳税人可能不会积极主动地去关心下一代纳税人，甚至未来几年的纳税人，而政治家自身任期有限而短暂。中央财政控制者使用平衡预算将财政责任添加到预算过程中。在必须平衡经济的情况下，不平衡预算的正统理论必然会削弱集中财务控制。

预算的统一性要求有预算才能有开支，而另外两项原则则加强了统一性，即非抵押收入和全面预算原则。非抵押收入意味着收入，包括税收收入的征收是为本组织的整体预算提供资金。因此，组织的开支由预算决定而非资金的来源决定。例如，一种特别税，在征收前并不会为了某一特定目的而抵押。这对集中控制很重要，因为一项税收被抵押的时候，也许通过一项具体的法律，如何支配税收的控制权将转交给它所分配的服务部门。该税收收入的任何后续增加或减少，可能由于政府或预算持有者无法控制的情况，将自动适用于该项服务，而不考虑整个政府服务的需要。

税收非抵押将纳税人获得特定政府服务的权利与纳税义务分开。举例来说，一个纳税人对政府的权威不断提出挑战，而纳税人对政府的一切都很满意，只有一项服务除外，那么这一挑战往往是徒劳的。纳税人可能是一个不赞成国防服务的和平主义者，然后纳税人就会使用预算试图计算出用于国防拨款的税单金额，再从账单中扣除该金额并支付余额。这种逻辑对纳税人来说也许是合理的，但政府的合理反应将是监禁纳税人。纳税义务与之后的税收收入分配是完全分开的。

全面预算原则是指每个预算持有者的授权预算将预算支出与任何预算收入分开（通过排除税收和借款等中央财政形式的资金减少预算，剩下的是净支出预算）。全面预算的重点就是中心正在分别决定如何支出预算和如何收取预算持有者的收入。结果就是如果预算持有者在预算之外收取收入，这些收入就不能由预算持有者使用。额外收入不能从额外支出中扣除，从而对预算持有者的整体预算产生中性影响；相反这两个金额必须保持总额不变。实际上，这些额外收入是中心用来为本组织总体预算提供经费的，而不是为了个别预算持有者，尽管该预算持有者原本就是负责收入的确定和征收。

年度性的原则是授权支出必须发生在财政年度内。每年都会根据预算对支出进行计算，以产生明确的预期后果。如果有超支，可能面临一系列处罚，其中可能连带预算持有者对超支金额的个人责任。如果出现支出不足，预算持有者将损失未用金额，并将其交给中心，因此，有时会使用"失效预算"一词。年度性原则上要求政府部门的预算支出不能多也不能少。但实践中不管服务对象感受如何，超支的政治和管理后果远比支出不足的后果更为严重。中央财政控制者也深有同感，但在任何资源稀缺的环境中这都是很自然的。

年度财务清算的特殊意义不在于其长度，而是其不连续性。预算持有者并没有同时考虑每一笔支出金额对本组织所有的财务影响。如果存在一个连续的预算和会计制度，就不会有传统意义上的预算，也不会有年度性。

预算主体部分不会受到年度性的影响。大部分员工预算将由雇佣合同决定，而不是逐月预算控制。但是，尽管这些分项目在预算中占比很大，但受年度性影响的分项目实际上可能是大笔资金。

对于集中财务控制来说，年度性有诸多优点，可以确保公共资金支付用于公共利益，这是由整个政府决定的，而不是由个别预算持有者决定的。一些预算持有者可能支出不足，而其他人则可能过度支出。此外，预算中经常会出现预算持有者无法严格控制的巨大金额。从两个极端来看，支出不足可能是偶然现象，而过度支出则是必然事件，原因不一而足。中央财政控制者有责任为超支提供资金，因此很自然地希望支出不足能够担此重任。因此，负责财务控制的预算持有者（而不是控制其支出的产出和结果）中的任何人都有实施年度性的自然动机，这种人实际上未必是财务控制者。

集中控制的年度性的另一个优点是预算持有者不能利用支出不足（无论是偶然的还是预谋的）来建立跨年度准备金，然后可能被用来颠覆中央政策。例如，这些准备金可能被用于扩大最富有学校和最贫穷学校之间的差距，而这可能不是政府的总体政策。

规范性的原则是指该中央财政非常详细地规定了预算持有者使用他们的预算可以购买什么。同样的想法也可以适用于产出和结果，但这一原则是在分项目规范性的背景下制定的。这种控制形式正是促使政府预算成为如此严格、翔实文件的推手。在其极端形式中，预算规定了分项目的细目，禁止分项目在一年中做出变更，同时禁止分项目在预算间转移（就是熟知的法语词汇"VIREMENT"，意为转移）。但在实践中，鉴于大多数中央政府无法有效控制每一笔交易，这一原则要求在保持中央对投入的集中控制和可管理的细节层次之间取得有效平衡。

在达到平衡的过程中，规范性通常伴随着某种转移或调剂，但要在与中央财政认可的书面规则范围内。这些规则可能会区分为可由预算持有者自行决定的预算调剂和需要中央批准的预算调剂。例如，由预算持有者自行决定的调剂可能仅限于不涉及以下方面的转移：中央政治政策的变化；新的或有争议的支出形式；大额额外支出；未来几年不会发生的债务或支出承诺，如从资本预算转移到雇佣员工或者从物资预算转移到涉及未来运营支出的资本项目；外来资金资助项目（如赠款或合伙协议）的转移。

6.2 分散财务控制形式

由组织中心对各支出部门个别预算持有者的支出进行直接控制和精细

第 6 章
预算控制

控制，可能存在缺点。对于大型、多功能政府，中央财政对实现这种控制面临不小的挑战，将极大地考验中央财政是否能够了解到战略执行的细节，因为这里既包含了对服务接受者需求的了解，又涉及如何满足这些需求。最好让预算持有者及其专家来执行政策，处理特殊和一般价格变化以及每项服务技术的不确定性。这是政府或超政府所面临的最为明显的问题。电子数据收集和存储的便捷性可以有效缓解地理距离和多样性造成的影响，但不可能完全避免。中央财政控制的极端形式是实行（中央）计划经济体制，其前提条件已遭否定。

在集中控制不太盛行的背景下，分散控制还可以将注意力从产出和结果上转移出来，也可以阻止管理人员管理使用财务资源，同时考虑到所有其他因素，以提供更好的服务。诚然，集中控制也可以阻止管理人员的不当管理，但有时会面临一些其他情况，因此，在实现投入和产出控制之间更加微妙的平衡的同时可能会产生更好的服务。曾经的一个主要议题就是中央财政只对投入和产出保持广泛控制，而将精细控制下放到预算持有者。

集中财务控制的各个要素都有潜在的缺点，并且容易识别。就拿税收非抵押来说，将纳税人获得特定服务的权利与纳税义务相分离，虽然这是政府的根本性质，但可以说是错失了增加税收的机会。有时对于某些服务，纳税人可能不愿意支付更高的一般税，但只要收益仅限于某项特殊服务，则可能愿意支付特别税。这种意愿通常只是一种假设表达（也许是在回答"你愿意吗？"的问卷），但它确实会反复出现。这近似于个人选择，选择对象为那些支撑市场的私人商品和服务。在政府手段有限的典型情况下，这种机会很难抗拒，但它们确实削弱了集中控制。

可以说，全面预算原则阻止了预算持有者寻找额外的收入来源。如果这些收入被中央财政抢走了，而中央财政可能会决定用它来增加另一项服务的预算，预算持有者就没有动力去搜寻税源了。其实有很多方法可以用来修改这一原则从而提供激励措施。中央财政可事先与预算持有者达成协议，即预算持有者可以以任何合法方式将额外收入的一定比例或数额用于支出，余额归还给中央财政。这项协议可以授权为收入的特殊形式，也可以是一个普通许可证——许可预算持有者收取任何额外的收入。不管是财务的特殊形式还是普通形式，这一原则均可放弃，这样预算持有者就可以保留收入用于支出了。

从整个政府的角度来看，有诸多理由证明提供这样的激励措施可能不太恰当，因为政府可能不愿意冒着放弃额外收入的风险。一个预算持有者能够从一群服务接受者（狭义或广义的定义）那里筹集资金，这可能从根本上颠覆政府战略，只要这些服务接受者都很富有，只要他们的临近社区是主要受益者，他们就非常愿意掏钱。

年度性对年度支出的时间安排有一个常规效应，即财政年度最后几个月的支出金额不成比例，有些额度本应在本年度的早些时候或来年发生。这种效应是如此熟悉以至于它被冠以各种各样的称谓，"年底突击花钱"和"加速消费"就是其中两个。当然，它还有其他绰号，如"春季销售"和"三月疯狂"（有的财政年度于3月31日结束）、"圣诞季节"（有的财政年度或许于12月31日结束，而且是从供应商和承包商这两大开支的直接受益者的角度来看）；更具体地戏称为"大钢琴综合征"，这意味着"键盘"可能是一种更高效的采购方式，即使它并没有那么大。这些名称至少意味着（即使不是明示）支出时间（如果没有年度性，似乎很奇怪）造成了支出浪费、低效、质量不相称（通常过高甚至达到奢侈的程度）。

那么年度性是如何从细节上影响支出时间的？绝对不能超支。在一个不确定的世界里，年度预算可能是在财政年度前几个月（甚至几年）制定的，如果可能的话预算持有者自然希望等到财年要求更加明确后再支出预算。最稳妥的做法就是仅仅依靠时间流逝来降低不确定性。它并不鼓励将

第 6 章
预算控制

弹性预算除以 12（月）而均摊全年开支；相反，它鼓励将年度预算的一半（举例来说）保留到最后一个季度。财政年度的定义会加剧年度预算需求的不确定性，例如，在像英国这样的国家，最后几个月正好是在冬季，那么在公路上的开支会受到天气的严重影响。

如果这样的预算文件按计划编制并且按计划执行，那么将这种不成比例的支出判断为"突击"花钱并不公平。这是一种应对不确定性的理性方式，因为支出绝对不能超出年度预算。此外，在某些资本支出中，可能存在一个系统性因素导致最后一个季度的支出不成比例，因为项目从启动到实施需要数月，有时甚至数年，这一前置时间不易缩短。举例来说，这类项目包括那些需要与公众或利益集团广泛讨论的项目，实施过程包含复杂的技术阶段。

绝对不能超预算支出再加上预算需求的不确定性最终导致开支不成比例。年度性原则的另一面是要求政府部门支出不得低于预算，这是一个深层次但不那么有力的原因。此外，还有一些不太正当的理由很容易造成不必要的开支，目的仅仅是为了确保预算不交给中央财政。

其中一个原因是预算持有者会区分目标归属，即自身目标还是政府整体目标。交给中央财政的支出结余可视为原先拨付或分配服务的损失。这一观点的极端之处在于它挑战了另一种观点，即公共资金的支出是为了公共利益，这是由整个政府决定的。与之相反，它认为一旦一项服务的预算得到批准，这笔钱就是预算持有者的钱，只能花在该预算持有者的服务上。一些政治家和官员关心"他们自身"服务远胜于整体公共利益，这是一种常见的观点。

第二个原因是中央财政将预算支出解释为预算持有者需要支出的信号。如果没有系统分析预算（即在财政年度中使用正式一致的预算支出模板）和没有公开明确支出与产出、成果之间的关系，这一信号就格外强烈。尽管授权年度预算事实上表明了最初的支出需求，但后续的支出不足表明，授权预算并非完全需要，明年及随后几年的预算可能会减少。在以授权预算为基础的现金管理制度中，这一信号甚至更强，因为现金在财政年度之前、期间、之后分批从中央财政转到各部门的银行账户。如果在下一批资金到期前还没有动用这些临时部分，这一信号将愈演愈烈，不仅授权批准了一项看似过高的预算，而且实际现金已从不需要的中央银行账户中撤出。

为了避免失去预算，使用预算时往往会产生浪费和奢侈的开支：比如在商品和服务上的低优先级的支出以及对其他政府、营利性组织、非营利组织的拨款；对高质量的商品和服务的支出；束之高阁的低质量商品库存的支出。供应商可能会面临订单履约的压力，也可能存在履约太快的现象。由于预算使用动机可能过于强烈，预算持有者会与供应商串通，操纵交易：在上一年向供应商付款，而在下一年交付货物和服务；在上一年付款，在下一年退还。这一现象可能会延伸到预算会计操纵，直到欺诈犯罪的地步。

年度性的不良影响司空见惯，因此一直有人试图采取对策来消除这些影响。措施的重点是：收紧采购控制制度；推出奖励支出不足的预算持有者的薪酬政策；设定年度后几个月的支出限额。

改进规划、调整开支方法可能是最有成效的。非常重要的一点是，尽早确定财政年度可能出现的资金不足，这样就可以重新分配预算。预算持有者还可以精心准备"现成项目"，高效、快速地实施以便充分利用任何支出余额。同样的想法也适用于维修和维护、员工培训、IT和其他设备购置的可自由支配开支。

当然，与其解决年度性的不良影响还不如直接修改或弃用规则本身。例如，允许将未用余额的部分（百分比）或全部结转到下一财政年度。但是要认识到这样的修改对于解决问题只是顾此失彼，它认可了本年度的支出不足，可是不妨碍中央财政利用这个支出不足作为削减未来预算的信号。然而，政府确实有这样的例子。

推而广之，甚至可以说弃用年度预算后不仅可以结转不足，还可以结转超支。更直接地说，预算有可能超支。这无疑会打击财务控制制度的核心。退一步说，它的问题在于说服预算持有者削减明年的必要支出（以弥补今年的超支）比说服他们增加明年的支出（以花光支出余额）要困难得多。

欲详细说明预算不太可取，其前提是中央财政要比预算持有者更清楚预算应该买什么，而在大型政府中，这几乎不可能。此外，预算持有者可以在不引起政治关注的分项目中（通过高估所需金额）建立隐藏的储备金，然后将其转入其他分项目。预算项目转换可以减轻这种影响，但是如果政治关注度不如预算授权期间那么高，财政年度依旧适用这些规则。

6.3 预算报告

然而，无论以何种形式、在何种背景（集中控制还是分散控制）下生成的预算，会计都要使用交易记录来对比实际数与预算数，并报告对比结果。对于整个政府的外部财务报告，通常为年度报告且高度汇总，其特点由一般公认会计原则（GAAP）确定。但这种外部控制的完整性取决于内部报告制度的质量。这些内部报告的问题包括：时效性、详细程度、可理解性、可控性、定性分析和会计基础。

关于时效性和详细程度，信息通信技术提供了实时报告一切的技术可能性。在管理责任处于较低级别的情况下，为了控制大量个人交易有必要这样做；但是管理责任处于较高级别时，常常需要更高级别的报告汇总。这种权衡受到一个重要的技术会计问题的影响。

例如，随着会计将其关注范围从单个交易扩大到成本的汇总和计量，会计就变得更加艰难。随着时间周期的缩短，按时间分配成本（例如折旧）和按空间分配成本（例如支持辅助服务）将变得越来越难。月报告将成为组织内部多层级的典型做法，但是即使这样也可能面临技术会计问题。

关于可理解性，它是控制报告一个非常实际但又很常见的问题。尽管这看起来似乎很普通，因为任何制度都可以很容易地被理解，但由于管控者和受控者的不同认知，这个问题反复出现。考虑到掌握预算技能对许多预算持有者来说只是副业，因此，这两个群体之间的会计复杂程度可以说从高到无不等。但是，除了复杂之外会计也可能对非会计人员的需求视而不见（任何职业都可能如此）。例如，在使用行话时，会计行业中有大量不一致的术语。当管控者设计控制报告时，他们通常需要特别考虑受控者的需求。

理性预算控制的逻辑是每个预算持有者都能够控制各自有关的预算。实际上，可控性是非常复杂的。公共服务的供求以及支出的因果关系等基本问题不能由预算控制制度来确定，但报告对它们来说至关重要。在狭义范围内理解控制概念，可以有不同的形式和程度。员工预算不同于物资预算。预算持有者可能对雇员人数或雇员工资很少实行月度控制，但并不是零控制。不鼓励员工离职和不急于填补空缺岗位就是重要的控制形式。物资预算似乎由预算持有者每天自行决定，且可以迅速下单。此外，物资需求往往直截了当和不容置疑，根本无法有效控制，因为物资必须采购。另外，在供应商的选择上也可能没有自由裁量权，可能是因为政府有一个必须遵循的采购流程，所以物资采购的质量和价格不在预算持有者的控制范围之内。

同样，预算的很大一部分可能不在预算持有者的有效控制之下，因为预算范围内的其他工作人员造成了费用的产生。例如，财务交易由预算持有者发起和完成，但这些交易由服务专家促成，而这些服务专家只提供服务不直接主持或负责预算；临床医生不是预算持有者，但有"临床自由"，准许病人住院并接受治疗；教授并非预算持有者，但有"学术自由"，招收学生并设立教学学位课程；警官也非预算持有者，但有执法权去执行逮捕和起诉违法者。为每一个服务专家增加预算，同时进行预算管理方面的教育和培训，是解决这一问题的永恒主题。

由于交易记录是预算报告的核心，因此实际记录的可控性相当重要。出于内部财务控制的目的，交易的起始阶段要同发票处理、支付的最后阶段分离开来，后者将在一个技术会计部门进行。从预算持有者的角度来看，他们对预算报告中的某些数据缺乏控制，而这些数据却用来控制运行状况，因此可能引起争议。从管控者的角度来看，他们的失控可能会导致对数据的操纵。会计基础在处理这些问题方面扮演了重要角色。

控制程度千差万别，而管控者和受控者的感知自然有别。管控者权利较大时，或许因资源特别稀缺会运用紧缩预算的办法迫使预算持有者加强控制，也可能强迫预算持有者做出别人认为不合理的决定。

预算控制最终是对年度预算的控制。进行年度预算分析时最好是控制年度开支。预算文件是年度开支计划模式。每月的文件预测每个连续月份的支出比例，再将每个月的实际支出与该文件进行比较。对于一些大型分项目，这一文件甚至会列出全年开支，如工资通常占20%左右；水电费按季度列支。但是经常会有其他模式的项目，有时很容易识别（例如季节性），有时则不然，可能需要对过往数据加以分析并建模才能确定这些分项目的规模。也有无法分析的分项目，对于这些分项目，默认的配置文件将假定预算是以年为期间支出的。

无论依据多么全面、精准，预算分析终究只是一种预测。根据文件控制实际支出并不像根据年度预算进行最终控制那样是绝对的控制。报告系统以绝对形式表示，但控制实践也使用实际的每月支出来测试预测的质量。

表 23 所示为今年前 6 个月预算控制报告的一个实例。

表 23　　截至 20×2 年〔日期〕乌托邦市社会服务部半年总支出的预算控制报告

单位：千英镑

项目 [1]	年度预算 [2]	截至日前的 预算 [3]	迄今为止的 实际支出 [4]	相对预算状况 超支或开支 不足 [5]	年度预算结余 [6]
员工					
薪金	11,040	5,500	5,500	—	5,540
薪金税	630	300	300	—	330
养老金缴款	1,280	600	600	—	680
工资	1,750	850	800	50	950
工资税	30	15	10	5	20
养老金缴款	120	60	55	5	65
经营场所					
采暖和照明	800	600	450	150	350
运输					
燃料	300	100	120	(20)	180
物料					
材料	300	50	130	(80)	170
合计	16,250	8,215	7,965	(50)	8,285

第 2 栏是年度预算的概况，显示了迄今为止的预期支出。一些具体项目预计约占年度预算的一半，但其他项目的比例与一半有较大差距。然后将第 3 栏与第一季度末的实际支出（第 4 栏）进行比较，得出由此产生的支出不足或超支结果（第 5 栏）。第 6 栏提醒预算持有者针对年度预算的最终控制。

在理想的情况下，定期预算控制报告应纳入承诺和权责发生制，以便提供到目前为止财务状况的完整情况，而现金制在实现预算控制目的方面效用有限。

预算控制不仅仅是努力确保预算不超支或支出不足，它还兼有监控作用。一旦出现偏差，控制者可以单独采取行动解决问题，而不用通过预算持有者一起解决差异，例如年内可能需要追加预算的问题。

延伸阅读

1. Bromwich, M. and Lapsley, I. Decentralisation and management accounting in central government [J]. Financial Accountability and Management, 1997, 12 (2): 181 – 201.

2. Hyndman, N., Jones, R. and Pendlebury, M. An exploratory study of annuality in the UK public sector [J]. Financial Accountability and Management, 2007, 23 (2): 215 – 237.

3. Jones, R. Management accounting in government: resurrecting the classic rules of budget theory [J]. The Irish Accounting Review, 2001, 8 (2): 45 – 68.

第 7 章 成本核算

成本核算法的基础产生于营利性制造组织，初衷是为了估算单个的、可识别产品的销售成本，这种方法目前已经扩展到服务组织，也包括非营利组织。成本核算法在政府中的使用不如营利性组织那样广泛，但是一经使用，成本核算法对于管理者、政治家、服务对象以及纳税人来说就显得非常重要，有时也会引起争议。使用的具体方法取决于成本核算的用途，如：用于组织单位、方案和产品；用于定价和报销；用于产出的增量变化；用于外包。

7.1 组织单位、方案和产品

了解投入与产出指标之间的因果关系是成本核算的基础。成本随产出如何变化？当结果与产出密切相关且产出是可识别的销售产品时，成本核算最有用，也最清晰，就像在传统制造业中一样。之所以最清晰，是因为组织成本的很大一部分与组织产品生产的根本目的直接相关（直接成本）。有时这些成本被称为工程成本，用以强调土地上和建筑物内现有生产过程所需的劳动力、机械和材料，而且这些成本是实物工程，因此可通过会计记录追踪。这些直接成本也可分为可变成本、半可变成本和固定成本。可变成本直接随产出水平的变化而变化，固定成本不受产出水平变化的影响；半可变成本部分固定，部分随产出水平的变化而变化。成本核算之所以最有用，是因为这些直接成本可以自然地与销售价格相匹配。这种因果关系对整个组织既重要又牢固，同时由于投入和产出在同一个货币尺度上衡量，所以处于营利性组织的管理核心。

组织单位将产生工程成本以外的成本，即与产品实际生产非直接相关的成本（间接成本或管理费用）。间接成本可能发生在产品制造部门，也可能发生在其他辅助配套部门。这些成本有时被称为可自由支配的费用，可以自由支配，因为大多数属于固定成本，不随产品制造发生直接变化，只要对产品制造不产生明显影响，组织可以自行决定是否变更。这些投入和产出之间的因果关系并不完全清晰，尽管对于投入的某些部分，它们将比其他部分更清晰。一句老掉牙的警句是这样说的："我们知道浪费了一半的营销预算，只是我们不知道浪费了哪一半。"

第 7 章
成本核算

尽管缺乏明确性，但仍有不同理由要求成本会计师将组织的所有这些成本分配到产品上（"分配"一词表明这种行为基本上是人为的，不论它们在表示因果关系时多么敏感）。这种"全额成本核算"背后的逻辑是，一旦界定了本组织的产出（在一组约定的结果数据范围内，不论正式报告与否），这些产出必须与本组织发生的所有成本相对应，否则它们就没有发生的理由和必要。当然，本组织的通用财务报告必须包括本组织的总成本。当半成品和成品的库存列入资产负债表时，它们就已经是全额成本核算了。同样，当个别产品由成本核算系统定价时，或作为比价对象由市场定价时，则需要全额成本核算。当本组织的产品生产清单耗尽时，该组织的总成本必须由这些产品收回。有几个传统的数量基础可用于分配这些成本，现在又补充了大量的经验，而这些经验基于作业成本法。

了解成本结构——可变成本和固定成本之间的关系，对在现有产量的边际上增量变更或减量变更产品产量的决策具有重要意义。当前生产中成本如何随产量增减而变化（称为相关范围）？了解这一点就要用到本量利分析法。它确定了成本结构的一部分，即固定成本，其中成本不随产出而变化，而那些持续变化的成本则是可变成本。在一个狭窄的相关范围内，有这种区别就足够了，但分析总是意识到（在当时的背景下）的确存在可变成本，但是不连续，例如在离散步骤中。可变成本与固定成本的比例因企业和行业而异。分析的是全额成本，但重点是可变成本。

成本核算法用于其他目的时全额成本核算就会出现错误。组织的产出造成了总成本。在相关范围内考虑产量变化时，重点是可变成本。但是，假如一个产品生产过程中的某些部分外包时，成本会发生什么变化？这种情况下相关范围内的产量不会发生变化，但会从组织中提取出生产成本的离散数据块。现在的关注重点是外包后不会产生全额成本的那部分。在相关范围内，直接和间接、可变和固定之间的区别可能对节省成本会有所帮助，但并不一定会节省成本。

这些成本核算法被用于政府的主要部门，以便了解投入、产出和结果之间的因果关系。与最初开发它们的营利性组织相比，它们的用途更为有限，原因有三个：第一，它们不涉及结果。在政府中，结果不太容易分解为可计量的产出。第二，可变成本在政府成本中所占比例要比生产可识别产品的营利性组织小得多，甚至占比为零。在某些情况下，可能没有随可计量产出而明显变化的成本。第三，没有来自可计量产出的收入与任何可变成本相匹配。成本核算法所处理的因果关系对整个组织来说既不重要也不牢固，而且由于投入和产出不是以同一货币规模来衡量，所以对政府的管理也不是很重要。但是我们需要这些方法，它们提供的信息也很有价值，因此这些方法不断受到争议。值得注意的是，正因为这些方法极具争议性，通常不受监管的管理会计也开始受到监管，途径是通过外部机构（如各种资助者、专业会计机构、美国联邦政府的成本会计准则委员会）对组织强制实施成本核算规则。

政府使用成本核算法的主要方式包括：组织单位、方案和产品的成本分配；定价和报销的成本核算；产出增量变化的成本核算；外包。

对于组织单位、方案和产品，基本的成本核算法是将间接成本分配到全额成本核算中。对于组织单位，簿记记录每个部门和分部的直接成本。大多数组织单位直接向外部服务对象提供服务，有时称为业务部门。然而，有些单位只在内部向业务部门提供配套服务，这些配套服务的直接成本将分配给业务部门。

此外，如果存在一个方案结构，那么其本质是相同的。本组织簿记同时确定每个方案的直接成本，成本核算将剩余的间接成本分配给每个方案。对组织单位和方案而言，会计基础可以适当采用现金制、权责发生制或两者兼有的混合基础。

对于产品，其典型环境是组织结构归集组织单位的直接成本和间接成本，然后将全额成本追溯到产品。当组织结构与方案之间的关系不牢固导致组织结构更多地以投入为导向时，就更需要以产品为重点。产品的成本核算也可以在方案结构归集直接和间接成本的环境中进行，然后追溯到产品。方案结构的基本原理强调产出和结果，表明与产品成本核算有着更自然的联系。

产品成本核算的会计基础显然不能采用现金制，而必须采用权责发生制，从总成本中提取运营成本，并使用运营成本来估算经济成本。每个产品所需的预算信息，无论是基于现金还是基于义务的预算，都可以从那些预算中获取。基于权责发生制的服务成本是额外的，但它是产品成本核算的唯一有效依据。

成本核算涉及的基本问题可以简化为两个：一是将间接成本分配给业务部门或方案；二是将业务部门或方案的全额成本分配给产品。下例所指均为业务部门（但是如果部门改为方案，原理是一致的）。典型的间接成本是办公费用；适用于任何会计基础的是建筑物、设备以及员工的运营成本（土地和建筑物的资本成本只在现金制下才有意义）。因果关系链强弱不一：结果和产出之间的关系可能很弱；高水平产出和低水平产出之间的关系较强；低水平产出与直接成本之间的关系很强；低水平产出和间接成本之间的关系很弱。没有产出计量的组织结构编制线性预算时，间接成本的分配使用投入基础，最简单的就是建筑成本的占地面积和员工成本的员工人数。当业务部门与辅助配套部门共处一栋大楼时，相对百分比的建筑面积可能比它们在不同大楼的情况更容易接受（为什么业务部门的实际规模代表了大楼建筑成本？）。业务部门的员工规模可能用来代表辅助配套员工的使用情况，这是可以接受的。虽然这种代表看似脆弱，也必然如此，但是计量简单。这是间接成本分配的第一阶段。

第二阶段介绍业务部门的产出——产品。业务部门的全额成本与这些产品关联起来从而计算每种产品的成本。当每个业务部门只有一个产品时，这是最容易做到的。当每个业务部门有多个产品时，首要而共同的问题就是确定每个产品的直接成本，然后再分配每个产品的间接成本。

这两个独立的阶段在营利性传统制造组织中有相似之处：第一阶段是采用任意法将各辅助配套单位的间接成本分配给一个生产单位，比如建筑占地面积或员工人数都可以；第二阶段是采用投入量法将分配给业务部门的间接成本加上业务部门自身的间接成本计入在产产品，例如直接人工工时或直接机器工时这两个常见范例即可。作业成本法向成本分配与投入量法的相关性发起挑战，试图通过确定推动成本的作业量来追踪产品的间接成本。它从本质上指出重要的是制造产品所需的执行活动如何产生支撑成本。根据间接成本的定义，因果关系仍然难以建立，但是通过尝试在产品和辅助成本之间建立直接联系而忽略对业务部门本身的关注，作业成本法就可以提供更为敏感的因果关系表述。

作业成本分析可以改进政府案例中的成本核算。通过关注产品和保障成本之间的直接联系，忽略对作为组织单位的业务部门的关注，可以确定更为敏感的因果关系表述。

例15提供了一个从辅助配套部门分配间接费用的传统方法的例子。

例 15

乌托邦市社会服务部内部的 A 业务部包含三个分部：三分部又是其他两个分部的辅助配套部门，而一分部和二分部各自面对两个同质客户群并直接提供服务。一、二、三分部均在市政厅，分别占有 A 业务部建筑面积的 50%、40%、10%，员工人数分别为 180 人、60 人、40 人。三分部的直接成本总计为 820,000 英镑，其中 180,000 英镑为经营场所成本，640,000 英镑为员工成本，而一分部和二分部的直接成本分别为 2,200,000 英镑和 2,320,000 英镑。

A 业务部使用市中央法律部的服务，中央法律部租用的办公场所靠近市政厅。法律部有 40 名员工，产生的总费用达 2,560,000 英镑。除了服务 A 业务部，法律部还向本市其他部门共计 1,000 人提供服务。

法律部的成本费用将向本市所属 A 业务部和其他部门分配，依据标准为各部门的员工人数。A 业务部员工总数为 280 人，其他部门 1,000 人，合计 1,280 人。A 业务部下属的三个分部的费用分配如下：一分部：$180/1,280 \times 2,560,000 = 360,000$（英镑）；二分部：$60/1,280 \times 2,560,000 = 120,000$（英镑）；三分部：$40/1,280 \times 2,560,000 = 80,000$（英镑）。

而三分部向一分部和二分部分配成本费用时，经营场所的成本分配采用后两者占用建筑面积的近似比例，即一分部：$50/90 \times 180,000 = 100,000$（英镑）；二分部：$40/90 \times 180,000 = 80,000$（英镑）。员工成本按照员工人数比例进行分配，即一分部：$180/240 \times 720,000 = 540,000$（英镑）；二分部：$60/240 \times 720,000 = 180,000$（英镑）。具体见表 24。

表 24　乌托邦市社会服务部内 A 业务部及其辅助配套部门间接成本的分配：传统法

单位：英镑

项目	A 业务部			法律部
	一分部	二分部	三分部	
直接成本	2,200,000	2,320,000	820,000	2,560,000
分配成本：				
法律部	360,000	120,000	80,000	(560,000)
合计	2,560,000	2,440,000	900,000	2,000,000
三分部　经营场所	100,000	80,000	(180,000)	—
三分部　员工	540,000	180,000	(720,000)	—
净支出总额	3,200,000	2,700,000	—	
客户数量	160 人	450 人	—	
单个客户的成本	20,000	6,000	—	

例 16 发展了例 15 中的示例，采用作业成本法。

例 16

基本数据同上例 15。但是法律部不再根据其所服务城市部门/单位的员工人数来分配费用，而是根据其提供的服务水平协议收费。服务水平商定以后法律部将对各部门/单位依据提供的服务时数收费。因此，法律部对整个 A 业务部的协议收费总额巧合的情况下可以保持在 560,000 英镑，但一分部、二分部、三分部各自分担的额度分别变更为 105,000 英镑、360,000 英镑、95,000 英镑。

基于作业成本法，三分部的成本不是依据建筑面积或员工人数分配给一分部和二分部，而是依据最能驱动三分部成本的可变因素。这种情况下，充当驱动因素的就是分部所服务的客户数量，即一分部：$160/610 \times 915,000 = 240,000$（英镑）；二分部：$450/610 \times 915,000 = 675,000$（英镑）。具体见表 25。

表 25　　　乌托邦市社会服务部内 A 业务部及其辅助配套
部门间接成本分配：作业成本法

单位：英镑

项目	A 业务部		
	一分部	二分部	三分部
直接成本	2,200,000	2,320,000	820,000
法律部收费	105,000	360,000	95,000
合计	2,305,000	2,680,000	915,000
三分部成本	240,000	675,000	(915,000)
总计	2,545,000	3,355,000	—
客户数量	160 人	450 人	—
单个客户的成本	15,906	7,456	—

作业成本法与传统方法相比，单个客户的成本一分部较低，而二分部较高。作业成本法的观点是努力确定成本的驱动因素，以便提供更好的因果关系的近似值。通过研究不同类型客户对三分部提供的配套服务的影响程度，可以提高这种方法的复杂程度。例如，若一项研究表明二分部客户需要从三分部获取的配套服务水平为一分部从三分部获取的配套服务水平的两倍，那么分配时可以通过在二分部的分配额度上乘以加权系数 2 来反映出这一点。详情见表 26。

基本数据同表 25，只是为更好地反映成本驱动因素的度量，三分部的分配额度要乘以一个额外的加权系数 2，即一分部：$160/1,060 \times 915,000 = 138,000$（英镑）；二分部：$900/1,060 \times 915,000 = 777,000$（英镑）[①]。具体见表 26。

---

① 计算结果已四舍五入至最接近的千英镑。

表 26　　乌托邦市社会服务部辅助配套部门的
间接成本分配：作业成本法

单位：英镑

项目	A 业务部		
	一分部	二分部	三分部
直接成本	2,200,000	2,320,000	820,000
法律部收费	105,000	360,000	95,000
合计	2,305,000	2,680,000	915,000
三分部成本	138,000	777,000	(915,000)
总计	2,443,000	3,457,000	—
客户数量	160 人	450 人	—
单个客户的成本	15,269	7,682	—

这会导致单个客户的成本不同，尽管这样可能有助于更好地估算全额成本，但在判断是否合理增加复杂程度时必须考虑数据收集成本。如果对作业驱动的研究成本较低且随着时间的推移，研究结果相当稳定，那么复杂程度可能是合理的。但是，如果结果不稳定需经常进行研究或者研究成本高得多，那么成本可能远超增加复杂程度所带来的好处，反而弊大于利。

会计制度能够在技术上轻松实现直接成本的追溯（到各组织单位、方案、产品）和间接成本的分配。但是如果间接成本占比很大，特别是结果又具有随意性时，就会引起争议，包括会计理论家也会对这种随意性感到不安。许多情况下管理者、政治家、服务对象、纳税人对成本核算的要求不尽相同，而且争议会持续存在。一个部门的管理者也就是预算持有者，会非常关心中央支持成本，因为在成本核算中表示为部门管理者产生的成本。A 部门管理者在承担这些成本方面是否有选择：服务是从组织内的其他地方如支持的分部购买还是从组织外部购买？考虑到该单位获得的福利，分配的金额是否合理？如果一个政治家钟爱一个方案，就会非常用心，不是关心所谓的成本而是关心该方案的预算分配金额够吗？鉴于该方案对该部门的控制程度，分配的金额是否合理？如果服务对象原本就有钟爱的方案，金额是否满足他们的需求？当一项服务的产出增加不高于总成本时，为了更充分地利用固定成本，该服务对现有服务对象是否仍然合理？对纳税人来说，一个部门、方案、产品的全部成本对于决定是否全部或部分由他人支付（通过向另一级政府申请或外包）至关重要。

在民主选举产生的多职能政府中，经常发生关于中央支持成本的争论，而他们争论的焦点就是对比服务（直接提供给服务对象）成本与民主成本的合理性。未分配的成本可能是民主的合理成本。非营利组织也有类似的情况。捐赠者会有一种强烈的感觉，尽管有时可能不太合理，愿意将其个人捐赠的每一分钱直接用于服务对象，而不是用于中央对非营利组织的支持。非营利组织被禁止从事政治活动，但他们自然有兴趣为他们的工作争取普遍支持。如果这些成本仍未分配至方案，间接成本的百分比就会高于不这样做的百分比，这可能会让捐助者受到打击。

辅助服务的全额成本核算存在人为性和随意性，为了避免这种情况发生，有一个显而易见的办法就是将其交给业务部门和辅助服务部门进行成本价格谈判，尽管完全成本计算是必要的，而谈判本身也将是人为的。

7.2 定价和报销

尽管政府的最终形式在提供服务时是免费的（资金基本上来自税收），但在这种形式中，政府也对低于、等于和高于成本的服务收费。理由如下：

- 为了附加收入，需要服务、放贷人不放贷、纳税人纳税不足、没有补助金或捐款；
  - 收费不抵押，那些被收取的费用无论如何都要额外支付；
  - 收费时应要求可以抵押；
  - 定量提供服务（阻止奢侈或不必要消费、鼓励效用最大化、惩罚不良结果）；
  - 改进管理，因为投入和产出之间的关系更清晰，产出提供了明确的需求信号；
  - 通过建立政府垄断来规范私营部门对服务的需求。

所有这些理由都可能导致与成本相关的不同价格，也包括与成本无关的罚款。但在任何情况下，会计都必须知道收取或未被收取的全部成本。这些最终取决于管理层和政治层的决策，但是如果这些决策是基于全部成本信息，则决策会更好。

7.3 产出的增量变化

政府部门的成本结构解释了在相关范围内，成本是如何随着产出的可控变化而变化的。当借鉴成本-数量-利润（本量利）分析的营利性方法时，该分析舍弃了销售收入数据以及伴随的利润计算，变成成本-数量分析。它确定了成本结构的一部分，即固定成本，其中成本不随产出而变化，而那些持续变化的成本是可变成本。在一个狭义的相关范围内，成本确实在变化，但不是连续的，例如在离散步骤中，通常可以忽略不计。

成本-数量分析可以有效识别成本结构，也可能无法识别。这项技术不是在寻找应用。相反，设置确定分析何时有用。在每一种情况下都要对计量用于管理政府单位产出的增量变化做出一项决策，因此这些变化的固定成本和可变成本可以可靠识别。当然，这些分析都是在层次更高、背景更广的产出和成果范围内进行的。为了分析有效，它必须与这一背景相协调。

例 17 给出了养老院的数据，为该群体环境中的每个客户提供的护理是成本－数量分析的更广泛背景。而管理者使用了一个粗略但重要的产出指标，即场所数量、床位数量。管理者知道这些产出类别并不是同质的，每一张床的服务质量不同。实物床体和床的位置都很重要，而且存在差别，当然不能假设每个住户的需求相同。但是床位的数量是一个有用的衡量指标。该分析用于确定当入住率从 80% 上升到 100% 时成本的变化情况，从而提高这项服务的使用率。这将有助于实现养老院使用效率的最大化，并了解候补名单上对额外床位的实际需求。

管理者使用每人周实际成本与乌托邦市内其他养老院、其他类似地方政府的其他类似养老院以及私营部门的类似养老院进行比较，然后将其作为基准。管理者深知为客户提供的服务各式各样，且提供服务的接受方式也多种多样。但是，每周住宿成本是一个有用的衡量指标，因为产生广泛并公开报告。

成本－数量分析指出，虽然这种平均成本（每人周）衡量指标在某些方面有用，但是用于理解成本在相关范围内的变化则有误。每周多接受 4 人不会额外花费 1,600 英镑；相反，每周只需额外支付 400 英镑（可变成本）。

该养老院由社会服务部的预算提供资金，它是一个分项目递增预算，涵盖所有其他养老院附加提供主要服务，其本身主要由上级政府拨款提供资金，根据人口数量测算的需求标准进行拨款。成本－数量分析确定了养老院利用的最大化和为需要人群提供服务的额外追加预算。

例17接着给出可能发生的情况。

> **例17**
>
> **乌托邦市社会服务部养老院：成本－数量分析法**
>
> 该养老院任何时候的最大床位保有量均为20张，养老院的年度总费用（依据全额成本法计算）为332,800英镑，大约每周6,400英镑。财务分析时住有16人，床位占用率（入住率）达80%。
>
> 每人每周费用：6,400/16＝400（英镑）。
>
> 固定成本为每周4,800英镑，可变成本为每周1,600英镑（每人每周100英镑），如果再有4人入住，每周只需额外支付400英镑。满员情况下该养老院每周的总成本为6,800英镑（4,800＋2,000）。养老院使用效率的提高可以从修订后的人周平均成本340英镑（6,800/20）中反映出来。
>
> 这就要求年度预算从332,800英镑增加到353,600英镑（6,800×52），但是下一年的预算只有343,200英镑。如果养老院要满足所有20个名额，每人每周的平均成本必须降到330英镑。为了实现成本缩减，一是通过降低每周的固定成本，从4,800英镑降低到4,600英镑；二是降低可变成本，从人周100英镑降低到90英镑，也可两者兼而用之。另外，管理者也可决定不缩减固定成本和可变成本，因为任何成本缩减都会影响提供给每个入住人员的服务质量。所以，年度固定成本将保持在2,496,000英镑，人周可变成本在100英镑。既然预算增加为343,200英镑，该养老院就可以额外接收2人。

在完全类似的营利性养老院中，成本－数量分析扩展到本量利分析，对入住率的增加有着截然不同的影响，见例18。

> **例 18**
>
> **乌托邦市营利性养老院：本量利分析法**
>
> 该养老院的成本结构与例 16 中的城市养老院完全相同，向入住人员每周每人收费 450 英镑。入住率为 80% 时，年利润为 41,600 英镑（450×16×52－332,800），平均每人 2,600 英镑。如果另有 4 个潜在的入住需求，愿意每人每年支付 23,400 英镑，那么这个养老院每年将额外获得 10,000 多英镑（2,600×4）的利润。考虑其成本结构，每人每周对固定成本的贡献为 350 英镑（450－100），一年为 18,200 英镑，以此类推，4 人一年的额外利润就是 72,800 英镑（350×4，即每周 1,400 英镑）。

营利性养老院的住户本应由社会服务部安置，因为它有责任确保这些住户得到赡养照顾。价格也应当与部门协商一致，且应由相同的分项目增量预算买单，这种情况下预算限额将难上加难。

7.4 外 包

政府部门提供的服务与私营部门提供的服务（无论是营利性服务还是非营利服务）进行类比时，使用全部成本。然而，当实际决定是将服务从一方转移到另一方时，全部成本通常包括与做出外包决策无关的成本。这个决策成本是关于相关成本的确定，通常通过甄别和提取全部成本中那些不相关的部分。直接和间接、固定和可变之间的区别将对此有所帮助（采用外包后将避免直接运营成本），但重点必须放在相关性上，虽然短期、中期、长期等相关性判断起来异常复杂。相关成本可能包括新成本，这个成本原本不应该发生，要是继续执行政府内部规定的话，如离职补偿；另一个新成本可能是私营部门执行规定的监管成本。此外,如新收入,或许来自土地、建筑物、设备等的销售,可能是相关的。

与以往一样,这种成本核算是在结果的背景下进行的。外包方面的特定问题可能是私营部门承包商有可能不履行义务,或者因为它进入破产管理或已经破产,或者其他原因使它不能或不愿继续按质量要求提供服务。如果政府保留提供这项服务的责任,后续(可能包括紧急情况)成本可能会更高。

例19给出了一个外包决策的实例,关于乌托邦市政府医院的洗衣服务。

例19

乌托邦市医院的洗衣服务:外包决策

洗衣服务一部分由内部完成,一部分由私人承包商提供。每周产生的洗衣工作总量平均为210,000件,其中140,000件由内部服务机构清洗,其余由承包商清洗。预计未来几年内总量不会有太大变化。

目前承包商每周承担70,000件衣物,每件收费9便士,但最近承包商提交了一份书面报价,内容是如果医院同意他承包所有的洗衣服务,那么大额订单产生的规模经济会使洗衣服务的单件收费价格降低到7.75便士。

本年度洗衣服务的年度预算见表27。

表27　　　　本年度洗衣服务的年度预算

单位:英镑

项目	金额
内部成本	
薪金	
经理	92,400
洗衣工	272,600
临时工	111,200
材料和物料	44,500
供热、照明、供水	147,200
设备维修	39,300
内部总成本	707,200
支付承包商的款项	327,600
总计	1,034,800

预算分析表明"供热、照明、供水"和"设备维修"的金额由固定成本和可变成本构成,明细见表28。

表28　　　　　　　　　　　部分明细表

单位:英镑

项目	固定成本	可变成本
供热、照明、供水	41,700	105,500
设备维修	9,300	30,000

临时工的雇佣依据工作需要,一般在周末和晚上雇工来弥补正式工的空缺。材料和物料随作业水平的变化呈正相关变化,足以承担内部所有的洗衣工作。经理的选择见表29。

表29

项目	完全外包	完全自给	当前安排
作业量(每周件数)	210,000 件	210,000 件	210,000 件
年度成本:			
完全外包:			
合同价格(210,000×7.75便士×52)	846,300 英镑	—	—
完全自给:			
固定成本	—	416,000 英镑	—
可变成本(210,000×4便士×52)	—	436,800 英镑	—
当前安排	—	—	1,034,800 英镑
总计	846,300 英镑	852,800 英镑	1,034,800 英镑

内部单位的固定成本和可变成本见表30。

表30

单位:英镑

项目	固定成本	可变成本
薪金:		
经理	92,400	—

续表

项目	固定成本	可变成本
洗衣工	272,600	—
临时工	—	111,200
材料和物料	—	44,500
供热、照明、供水	41,700	105,500
设备维修	9,300	30,000
总计	416,000	291,200

每件衣物的可变成本为4便士（291,200英镑/140,000/52）。

以上分析表明，成本最低的替代方案是将洗衣房完全外包。然而，分析现在必须确定做出这一决策需要避免的成本。例如，新合同的规模和范围可能要求将一些现有管理任务改为合同监管。此外，重新调配员工也需要时间，短期内一些现有成本仍将延续。

这个特例不包括资本成本。如果是外包合同，一方面，内部洗衣服务使用的设备或许可以出售，而且房屋可以改作他用，如供医院其他活动使用。另一方面，洗衣服务市场低迷可能意味着设备只有残值，设备拆除和房屋清理的成本就超过了这个残值。

延伸阅读

1. Hoque, Z. Strategic management accounting [M]. Oxford：Chandos, 2001.

2. Drury, C. Management accounting for business [M]. Andover：Cengage Learning, 2009.

第8章 财务报告

虽然所有营利性和非营利组织的财务报告准则存在明显的重叠,但在公共部门会计中面临几个特殊问题,如预算报告、合并财务报表、权责发生制会计的特别问题等;另外,还包括一些与决策和决策者概念框架相关的特殊问题。

8.1 财务报告公布的形式和内容

关于政府规划编制，执行监督周期内的财务、非财务信息，属于内部控制事项，通常采取多种方式持续公开，有时是系统性公开，有时是断续性公开。财务报告的会计意见要求以两种系统性的方式发布：一是授权年度预算，理想状况下是在财政年度开始前发布，但是困难时期也可在财政年度开始后发布；二是已审财务报表，理想状况下应在财政年度之后不久发布。会计部门当然希望这两个报告统一协调，从而反映执行前后两个时间点确定的周期状况。但在许多政府中考虑到预算不被视为会计事项，所以往往无法满足这一期望；而作为会计人员对财务报告的态度，至少要使已审财务报表与预算保持一致。

随着时代变迁与关注重点的变化，出现了许多其他的财务报告，常见的包括：预算请求（核定预算批准之前）；提出进一步预算请求后本财政年度的修订预算；向政界人士提交的年度内预算控制报告；绩效审计报告。现代政府本身存在大量的财务信息公开，但政府会计在财务报告中侧重的是年度授权预算和年度已审财务报表的特殊重要性。

与营利性组织的财务报告相比，政府的财务报告存在以下两个根本性的区别。首先，政府预算不是私有的，而营利性组织的预算通常是私有的。这一差异会影响财务报表的审计，因为这些报表基本上都包含预算，而营利性组织以及私人非营利组织的财务报表通常不含预算。

其次，预算和已审财务报表的会计基础不存在持续争议，即便发生争议，也不会使争议升级加剧。营利性组织的即时可交易债权中的金融市场

第 8 章
财务报告

为投资人和贷款人提供了自然激励,促使他们关注营利性组织经审计的财务报表及其未经审计的中期财务报表,并通过联合促使金融分析师和机构投资者积极了解报告。分析人士一般不会公开质疑这些报告的会计基础。但是在20世纪中期,自从会计准则制定机构(最初只关注营利性机构)成立伊始,营利性组织的管理层就公开且常常成功地对会计基础提出质疑。长期以来,营利性组织财务报告的政治化的特殊倾向早已司空见惯。

政府财务报告和营利性组织财务报告之间存在的上述两种差异都不一定与政府的讨论有关,使其建立重大关联的是会计准则制定机构的影响力。其实对金融市场具有重要影响力的成套财务报告规则早已存在,规则大体上程序正当、内容翔实、修订及时,并有大量预算和技术支持人员提供支持服务。这些规则对所有会计专业都有很重要的影响力,甚至在营利性组织会计内部,似乎也看到这种规则主导管理会计的迹象,或者说已经占据了主导地位。尽管存在两处不同,但政府会计也受此类规则的影响。

导致上述差异的一个基本方面涉及不同的保密含义。在私营部门,"商业机密"是一个包罗万象的词汇,意味着信息的不公开,而在政府中则换了另一种说法,叫"国家安全"或者"安全"。但实际上政府的许多日常事务均需保密,即使它与透明度相冲突,例如,与信息自由的相关立法相冲突。而财务报告居中调和了这些保密意识。

年度预算发布版本的形式和内容没有受到会计准则制定机构的压力的影响,而已审财务报表的公布则受到这种压力的影响,其中部分原因是政府不把预算视作会计事项。在已审财务报表的基础上,会计要求将这些报表纳入整个组织的年度通用财务报告中。因此,通用财务报告被视为整体内部控制的基础,而不仅仅是年度财务报表的关联文件,即将投入、可计量的成果和效益整合,并以文件形式报告;明确管理层对内部控制的责任;明确治理层的责任;明确审计师对财务报表以及财务报表与报告中未审计部分的一致性的意见。整个报告的开头是一份来自管理层的报告，在美国被称为"管理层的讨论和分析"。报告中可能包括以下事项：对本组织及其结构的正式说明；战略和运营规划及成果；已审财务报表概述；风险、相关的不确定性和趋势。

通用财务报告不可能包括太多关于预算的讨论或报告。虽然从商业秘密的角度来说，这是营利性组织的典型财务报告，但对政府来说，大大减少了报告的相关性。

年度预算发布版本的形式和内容没有受到会计准则制定机构在私营部门施加压力的影响，这一事实的另一个影响就是导致了预算的不统一。毫无疑问，在某些行政辖区内这些事务做到了统一，但是可能更为常见的是每一个政府组织是采取遵循组织结构"分项目"的方式，或是以项目方案的方式公布，或是兼而有之（有或没有对账）的方式来发布预算，确定明细金额，包括资本项目的明细以及成果和效益被纳入的程度。

在递增预算中，增量明细可能会有很大变化。一个不可否认的会计问题是预算是否包括实际数据作为参考，表现在具体实务上就是，以 20×1 年预算为基数的 20×2 年年度预算是否应纳入 20×0 年的具体实际数据。支持纳入预算的基本观点是这些实际数据为预算（愿望、希望）提供了唯一的"实际发生情况的支撑点"；反对纳入预算的基本观点是预算编制人员、消费部门、政治家和公众都认为这个"支撑点"已经过时两年了，现在关注的焦点应是 20×2 年。这些基本观点的一个实际问题是，20×0 年实际值的唯一严格相关性是当它们与 20×0 年的预算进行比较时。这种复杂性的逻辑表明了另一组数字（见表31），这些数字又过时了一年。

表31　20×2 财政年度乌托邦市年度预算栏目，结合 20×0 财政年度预算

单位：千英镑

预算 20×0 年	实际数 20×0 年	原始预算 20×1 年	调整预算 20×1 年	预算 20×2 年

第 8 章
财务报告

20×0 年实际数据发布时，会计关注的是实际数据的形式和内容与发布的 20×0 年财务报表的一致性。

已审财务报表的发布形式和内容，特别是在受到会计准则制定机构压力的情况下，虽然与财务报表之间仍存有很大差异，但比起发布的预算的形式和内容更加统一。存在差异的一个重要因素是由于采用了不同的会计基础。

财务报表发布的完整性基本上取决于交易基础记录的准确性和全面性，这是组织内部控制的基础。这种准确性和全面性最起码会在每年的试算表编制和年度账户关闭时得以体现。没有这种完整性，无论会计政策的制定方法多么理想，财务报表都毫无意义。记录是管理层的责任，也是审计人员的关注要点。尽管记录很重要，但是有关记录完整性的财务报告往往只是默认的，即使是明确的也很难找到。事实上，和记录完整性同等重要的问题是如何更好地报告它。

要解决这个问题，就必须把这个问题从有关外部决策有用性的问题中解脱出来。做到这个并不容易，因为比起对营利性组织财务报表的了解，我们所掌握的政府财务报告如何对外使用以及由谁使用的证据少之又少。这时"受托责任"一词派上了用场，这个词已经有几个世纪的历史了，现在看来是相当古老的"管家"的意思。"管家"指的是那些对所有者的钱财和其他资源负有直接个人责任的人，因为所有者委托管家有权收集这些资源。"受托责任"涵盖的责任范围可能更广，可能包括对收集他人所欠资源的有效性及对这些资源后续使用的经济性、效率性和有效性的更广泛的责任。但是我们借鉴的核心含义是管家的诚实、正直，体现在管家个人账目的准确性和全面性上。这种会计形式体现在许多世纪以来翻译、转录和公布的财务报表中，我们称之为抵押/卸责会计。

这种管理意识可以在原则上和实务上有多种报告形式。有时候管理层的一份简单声明就足够了，只要声明记录是准确和全面的，或者记录符合相关法律的要求，同时附上审计师的明确意见，甚至是审计师的声明，他们没有理由发表意见，因为他们同意该声明。另一个激进的选择是，在声明的同时允许人们查阅每笔交易的记录，这种可能性随着信息革命的发展似乎渐成事实。在这种狭义的管家职责中，查阅记录不是为了生成有利决策的信息，而是为了检查信息是否准确和完整。在实践中，审计师关于财务报表列报的公允性、合法性、预算一致性的意见都将纳入记录完整性的任何参考明细。这是内部控制必不可少的一面，必须牢记于心，因为大多数会计人员在大多数时候尤其关心记录的完整性。

无论交易记录如何报告，政府的主要财务报告都是关于预算执行情况的，即预算会计。报告中一般包括三组财务数字：原始授权预算、任何授权的调整预算和可比实际数。另外，会计形式自然由预算授权形式决定，那些以特定形式授权预算的人将要求实际数采取同样的形式。从会计人员的角度来看，控制要求决定了报告以何种形式确定，至少应该采用当年实际用于实施控制的预算形式。因此，会计通常希望预算会计遵循组织结构和"分项目"。表32是一个具有代表性的例子。正常来说，会计是以现金收付制或权责发生制为基础，但如果基于完全权责发生制编制预算和会计决算，也可以采用基于权责发生制的经营报表形式。

表32　　　　截至 20×2 年［日期］乌托邦市预算会计

单位：千英镑

项目	原始预算 20×2年	调整预算 20×2年	实际数 20×2年	原始预算与实际数差异：低于/超过
总支出				
员工	68,700	69,200	70,100	(1,400)
经营场所	10,380	10,100	10,050	330
运输	5,600	4,900	4,900	700

续表

项目	原始预算 20×2年	调整预算 20×2年	实际数 20×2年	原始预算与实际数差异：低于/超过
物料	1,570	1,380	1,300	270
利息	2,400	1,980	1,980	420
总支出合计	88,650	87,560	88,330	320
总收入				
税收	37,900	36,500	36,100	1,800
补助金	33,000	35,050	36,000	(3,000)
捐赠	3,000	2,100	2,800	200
服务费	14,750	15,750	16,800	(2,050)
总收入合计	88,650	89,400	91,700	(3,050)
政府净支出总额	—	(1,840)	(3,370)	(2,730)

预算与实际数据之间的差异解释可以采取不同的形式。为了全面起见，两项预算——原始预算和调整预算，与实际数据的各自差异都需要解释；如果只解释一个差异，那么基于报告的可读性原则选择原始预算进行比较更为重要，因为年度控制周期从原始预算开始，以实际数据结束，起止时间点是确定的。预算与实际数据的差异解释可以针对每一个"分项目"，也可以是每个部门单位重要内容的摘要，或者整个预算的总结。

如果成果指标是预算中的固有项目，预算会计自然会纳入相应的实际数据。会计部门希望这些指标只要合理，就要与实际财务数据明确相关，但是任何情况下都希望财务指标都出自预算会计并与预算会计协调一致（即使不公开）。表33提供了一个基于表22的实例。

表33　基于表22，截至20×2年［日期］乌托邦市教育局中学预算会计附加的成果指标

项目	实际数20×1年	原始预算20×2年	实际数20×2年
生均成本	4,900英镑	5,100英镑	5,500英镑
千人成本	910英镑	950英镑	970英镑

续表

项目		实际数 20×1 年	原始预算 20×2 年	实际数 20×2 年
14 岁学生：				
英语	A	68%	70%	70%
	B	20%	20%	20%
	C	12%	10%	10%
数学	A	63%	65%	65%
	B	20%	25%	26%
	C	17%	10%	9%
科学	A	77%	80%	81%
	B	18%	15%	15%
	C	5%	5%	4%
16 岁学生：				
5 个或 5 个以上 A 或 B 级		44%	45%	46%

预算会计也可称为运营报表，实质上可以作为财务报告的范围。以现金为基础的预算会计通常也是如此。当然，这种会计会产生资产负债表，但由于仅限于货币资产和负债，与预算会计没有其他联系，因此对它没有什么帮助。财务报告的其他形式对财务报表进行会计处理的是采用权责发生制的会计基础。

各级政府通常分两个阶段来处理权责发生制会计问题：第一阶段是公布以权责发生制为基础的财务报表；第二阶段（也是采用可能性较小的）除了以现金为基础的预算会计外，采用权责发生制编制预算，或作为现金制预算会计的补充。实务上，这两个阶段更常见的是采用权责发生制会计的特设要素而非采用完整全面、紧密衔接的权责发生制会计。

基于权责发生制的财务报表是营利性组织和非营利组织的传统财务报表。权责发生制会计确认的收入、费用、资产和负债在经营报表和资产负债表中报告，不参照预算，见表 34 和表 35。

表 34　　　截至 20×2 年［日期］的乌托邦市经营报表

单位：千英镑

项目	20×2 年	20×1 年
营业收入		
税收	36,100	33,460
补助金	36,000	27,070
捐赠	2,800	2,650
收费	16,800	13,330
营业总收入	91,700	76,510
营业支出		
员工	70,100	63,590
经营场所	10,050	7,980
运输	4,900	4,420
物料	1,300	1,200
营业总支出	86,350	77,190
经营活动盈余（亏损）	5,350	(680)
财务费用	(1,980)	(1,850)
设备变价收益	1,360	—
营业外收入（支出）合计	(620)	(1,850)
非常项目前盈余（赤字）净额	4,730	(2,530)
非常项目	1,340	—
本年度盈余（赤字）净额	3,390	(2,530)

表 35　　　截至 20×2 年［日期］乌托邦市资产负债表

单位：千英镑

项目	20×2 年	20×1 年
资产		
流动资产：		
现金及现金等价物	940	360
应收账款	9,700	6,510
存货	350	270
预付款项	1,300	1,100
投资	3,700	4,600

续表

项目	20×2年	20×1年
流动资产总额	15,990	12,840
非流动资产：		
应收账款	780	900
投资	18,250	16,900
其他金融资产	2,800	2,750
基础设施、厂房和设备	53,680	52,950
土地和建筑物	24,630	22,340
非流动资产总额	100,140	95,840
资产总额	116,130	108,680
负债		
流动负债：		
应付账款	8,150	7,050
短期借款	1,430	1,120
长期借款的流动部分	950	870
准备金	780	730
流动负债总额	11,310	9,770
非流动负债：		
应付账款	1,350	1,860
长期借款	43,800	40,350
准备金	680	570
非流动负债总额	45,830	42,780
负债总额	57,140	52,650
净资产总额	58,990	56,030
净资产		
政府出资	—	—
储备	53,680	54,110
累计盈余（赤字）	5,310	1,920
净资产总额	58,990	56,030

上述财务报表增加了有关政府的预算会计信息。最根本的是报表增加了可靠的经济指标，如提供服务的净成本、政府资产与负债等。

当财务报表中含有部分确认的未实现损益时，在其他历史成本会计中可能会发现一个包含这些损益的报表。既然权责发生制会计不再强调基本现金流量，那么还将有一个现金流量表，最好使用直接法来报告这些现金流量。表36给出了一个基于表34和表35的实例。

表36　　乌托邦市截至20×2年［日期］的现金流量表

单位：千英镑

项目	20×2年	20×1年
经营活动现金流		
收入		
税收	36,100	33,460
补助金	36,000	27,070
捐赠	2,800	2,650
收费	15,300	13,110
营业收入合计	90,200	76,290
支付		
员工	(70,100)	(63,590)
经营场所	(10,210)	(6,920)
运输	(6,100)	(2,970)
物料	(570)	(1,100)
支付利息	(1,980)	(1,850)
业务付款合计	(88,960)	(76,430)
经营活动现金流净额	1,240	(140)
投资活动现金流		
基础设施、厂房、设备采购	(2,180)	—
土地和建筑物购置	(2,290)	(1,320)
投资和其他金融资产购买	(1,480)	(690)
设备折价收益	1,450	—
投资活动现金流净额	(4,500)	(2,010)

续表

项目	20×2年	20×1年
融资活动现金流		
借款所得	35,850	32,780
偿还借款	(32,010)	(31,980)
融资活动现金流净额	3,840	800
现金及现金等价物的净增加（减少）额	580	(1,350)
年初现金及现金等价物	360	1,710
年末现金及现金等价物	940	360

虽然典型的预算会计以现金为基础，但传统的现金流量表增加了一个现金流入量和流出量的概要。会计师认为在控制周期中，除了实际现金流量表外还应将预算现金流量表纳入财务报告中。

8.2　权责发生制会计的特殊问题

权责发生制会计在政府中仍处于早期发展阶段，必然面临一些特殊问题。为此，个别的会计准则已经制定了切实可行的解决办法，而且这些解决办法还在继续完善中，其中第一个问题就是关于合并财务报表的。长期以来，人们已经对营利性组织的财务报告合并的必要性形成了全球共识，但是对于政府财务报告，由于这一课题具有特殊的维度，人们对于报告合并的必要性远未形成共识。还有其他一些课题不适用于营利性会计，因此在很长一段时间内没有受到准则制定的约束，诸如遗产资产、基础设施资产和非交换交易。

在营利性背景下，外部决策有用性标准占主导地位。该标准内，对投资者信息的决策有用性也会考虑任何其他假定外部用户群的决策。如果投资者的需求得到满足，则可断言所有其他用户的需求也将得到满足。尽管这种说法很容易受到质疑，但它至少反映了投资者必须了解财务报告的清晰经济动机，这与其他用户表现不怎么强烈甚至没有经济动机驱使的现象形成鲜明对比。集团公司的投资者需要从整体上了解集团的风险和回报，而合并财务报表是实现这一目标的财务报告手段。

政府投资者以这种方式使用财务报告的经济动机还不明确，不过即使经济动机明确，对于明显存在违约风险的政府投资，那些投资者通常也只涉及狭义的投资目的，而不是整个政府。如果一个投资者购买了地方政府发行的公路建设债券，以向道路使用者收取的通行费为担保，那么该地方政府的综合财务报表比该公路的财务报表更不重要。政府合并财务报表的需求基础远没有营利性组织的需求基础牢固。

政府合并财务报表有以下三个不同的维度：一是报告实体的界限；二是在中央政府中，合并整个政府的部门或机构合并财务报表；三是政府基金账户的整体合并。

第一维度涉及"哪些实体应纳入合并范围"。它与营利性会计非常相似，因为合并背后的原则不是基于所有权或其他法律标准，而是基于组织间关系的经济实质，即报告实体对其他实体的控制程度。然而，尽管存在这种相似性，但政府和营利性组织之间存在着重要差异。政府通常与各种各样的组织存在控制关系，这种组织可以包括营利性组织，如国家级国有企业（类似的术语是国有企业、国有公司），也可以包括私人非营利组织，而这些非营利组织却可以接受大量的公共资金。当然，也可包括各种各样的其他组织：有政府创建的"非公非私组织"，还有其他很难描述名称的组织，如"准自治的非政府组织（半官方机构）"是一个专用术语，有时简称为公共机构，其公共性的范围和定义各不相同。

更重要的是对于合并财务报表而言，各级政府对"控制"的定义与营利性机构对"控制"的定义明显不同，这在一定程度上有其必然性，因为对一个营利性企业的控制通常可以通过股权和由此产生的投票权来实现，而对政府组织或非营利组织的控制往往不行。例如，英国政府采用了更为严格意义上的控制，重要的组织被排除在合并之外。这么做就要区分战略控制和政府预算控制。战略控制是指营利性组织的合并控制概念，而政府预算控制的范围则要窄得多。这意味着无论政府对另一个组织拥有多大的战略控制权，组织纳入合并的判断标准仅仅基于通过预算表现的控制形式。英国政府的策略是如果组织控制仅限于本预算规定内，这些组织即被排除出部门合并财务报表。举例来说，如果政府预算中有一个单纯向组织提供大量资金的"分项目"，那么该组织就不会被合并。这在营利性环境下是有争议的，因为公共资金的规模和其他重要性在某些情况下可能意味着严重的经济依赖，也就意味着需要合并。

合并的第二维度与中央政府有关。在英国和美国的中央政府中，每个部门或机构都会编制一套合并财务报表，于是一个棘手的问题就出现了：这些报表本身是否应该合并、如何合并以便成为政府整体编制的一套财务报表。在美国确实存在这样一种合并，被称为政府范围内的财务报表。在英国这种合并被称为政府整体账户，自2000年以来就已经纳入法律，但生效日期尚未确定。

在第一维度下，确定报告边界和政府预算的影响，对于一个政府的整体合并财务报表来说，其复杂性自然比对于一个非营利组织的合并财务报表更大，因为它必须考虑更多的组织数量。就英国政府举例，还有一个附加难题，即合并要纳入所有的地方政府。在一些国家，特别是但不限于联邦国家，这样做在宪法层面上可能会引起争议，即地方政府在宪法上可能独立于中央政府。但在所有中央政府中，这些合并都存在理论和实际问题，因为事实上每个政府的经营报表和资产负债表都面临着中央政府预算体系、国民经济核算部门长期存在且影响更深的"合并"。政府预算体系编制政府整体的经营报表进而合并为一体，国民经济核算部门也会对经营报表和资产负债表做同样的一体化整合工作。各级政府的预算都没有成文成套的会计准则，而各级政府都有一套自己的国民账户，但其会计基础与会计人员开发的各种会计基础有根本性区别。三个"合并"报表的账目核对似乎是一个最低要求，但这在理论上和实践上都没有得到很好地理解。

即使有了对账，不同的会计基础之间也会相互竞争，而存在差异就可能引发争议。比如一个政府可以决定编制一个包含一揽子政策的组合预算，有的来自会计，有的来自国民核算，有的来自其他。通过对账解释这种组合情况，但预算数字作为这三组数据中最直观、最具直接影响力的因素，仍可能排除核算时作为负债入账的大额账目。典型例子如未来失业救济金、未来国家养老金计划和私人融资等。未来失业救济金和未来国家养老金可能被视为负债，但经济学通常会希望这些数字能与未来的国民收入相匹配，而会计学则不会将其视为资产。国民核算可以为一般政府界定报告边界，使政府签署的私人融资合同被判定为私人，从而排除了会计核算将其判为巨额可记账资产和负债的可能性。与预算编制人员相比，会计的观点在各国政府中的地位较低，因此会计决策在政府的整体合并中只扮演一个外围角色。在这种情况下，会计的合理控制循环被这些参差不齐的会计基础从根本上打乱了。

政府合并财务报表的第三维度则涉及一系列基金的合并。这一背景下，基金是从组织的其他部分分离出来单独留在会计系统中的资源库；这种分离不必包括而且现在通常不包括银行账户的物理分离。资源库分离有诸多原因，其中最重要的一个原因是组织外部为某个特定资源库融资的人，通常在法律上要求分离。这样的范例常见于任何一种组织中的投资人和放贷人，包括：世界银行和联合国这样的全球机构；政府和非营利组织中的捐赠人，为非政府组织（NGO）的大型非营利国家和地方政府的捐款；上级政府向下级政府提供补助金或其他转移支付。组织结构上存在不同的方法实现分离，但是在一个给定组织的会计系统中只有一个方法，那就是使用基金。

每当组织外部的人有资金需求或被认为有资金需求时，常会使用一个专业术语来表示，即"限制基金（专用基金）"，也就是说这种基金的用途是受到限制的，一般来讲该组织无权以任何其他方式使用该基金。与之相反的另一大类，即本组织的内部人员，也可能有资金需求，这种需求自然没有那么强烈（因为组织会有更大的自由裁量权来改变自己的需求），这时为了区别"限制基金"而称之为"指定基金"。

名称指定存在许多不同的形式，背后的力量代表也形形色色。一个政府可以为一个单一目的而确定一个征税税种和征税基础；这种指定也可能非常严格，实际上堪称一种限制，但它依然可能很轻易地就被改变。政府可以通过明确的政策来指定一个未来定时专用储备金，这种储备金被更改的难度很大，但是比起一个指定的税种来说还是容易的。美国州政府和地方政府的会计学中关于"限制"和"指定"有精确的划分。

每一个基金的会计核算都会产生自身经营报表和资产负债表的完整表单，基金就是一套自成体系的账户和财务报表。对于一个整体组织来说，基金会计的完整表单势必衍生出一套完整的自成体系的账户和财务报表。财务报告将组织描述为一个基金组合而不是一套合并财务报表。

说到合并财务报表，问题显然在于是否提供基金财务报表的合并报表以及合并财务报表是否应作为基金财务报表的补充或替代。在政府、非营利组织和营利性组织中，只有部分使用基金，一般的解决办法是编制一套合并财务报表，并在财务报表表面上或附注中单独确认基金；也可能编制几份基金财务报表，类似于营利性组织单为母公司增加一套财务报表，或为主要的子公司增加一套财务报表摘要。

美国的州政府和地方政府是整体组织最发达的,最完整地使用了基金会计,现在除了基金财务报表外,还需要为每个整体组织提供一套合并财务报表,即政府范围内的财务报表。基金财务报表清晰地反映内外控制事项,而政府范围内的财务报表反映了什么就很难说了。当然,它们反映了整个组织,对于营利性组织的投资人或贷款人来说,这是一个很有说服力的论据。对于持有债券的政府投资人来说,这一点就不那么有说服力了,他们持有的债券是以政府的一般权力(有时被称为欧洲大陆的能力)作担保来征税的,当更高级别的政府也在提供隐性或显性担保时,这一点就更为重要了。那么,提供基金财务报表和政府范围内的财务报表也许是实践中的最佳解决方案,具体哪一个更中肯、更可靠,就留给财务报告的读者来决定吧。

第二个问题是权责发生制会计一般不适用于营利性会计,像遗产资产、基础设施资产和非交换交易就是三个很好的例子。遗产资产是具有历史意义的土地和建筑物、文物和艺术品,通常收藏在博物馆。它们有时被称为公共领域的资产或传承遗产,受到高度重视,往往独一无二、无可替代,为所有人有时是全世界所享有,但是政府有责任保存和维护它们。

会计学要求任何组织的已审财务报表在报告所有收入、费用、资产、负债和现金流量时都须是综合全面而不是选择性的,而且会计准则界定了这种全面性的具体含义。会计学将公共领域项目定义为资产,因此要求将其纳入资产负债表,并在相关情况下要求在经营报表中计提相关折旧费。从整个内控制度(包括会计制度以外的许多其他因素)的角度来看,各国政府普遍认识到有必要对遗产资产进行登记,并在已审财务报表中表明这一需求。但已审财务报表是否应记录财务价值还普遍存在争议。

遗产资产评估在实践中和理论上都存在争议。在实践中,"没有历史成本"是经常听到的有关遗产资产定义的一个说法。很明显，这是因为从来没有将历史成本作为遗产资产的交易，或者即使有过交易也未留下可靠的记录抑或根本就没有记录。同理，遗产资产通常是不可以买卖的资产，而且即使可以买卖，市场价格通常也是特定资产的特有价格。如何确定一个公平价格（公允价值）实际上成为一个令人望而却步的问题。

理论上的问题是这些公共领域的项目资产是否是会计意义上的资产。举例来说，有人会问为什么某一特定项目从来没有交易，为什么没有市场价格，那是因为它不是那种意义上的资产。这种情况下如果会计系统试图去获取财务价值不仅不合适，而且很容易招致攻击，战争纪念馆可能就是诸多合理的范例之一。另一个问题是任何衍生价值及其关联的任何折旧费用的可靠性，考虑到未来实际或名义现金流的影响都可能是不相关的。

常见的会计政策是将所有遗产资产在资产负债表中确认，而以名义价值或零价值的遗产资产仅在附注中披露，而不需要在报表中披露。这显然不需要关联折旧费。

基础设施资产是指供水、下水道和排水系统、道路、隧道和桥梁、照明系统等资产。基础设施资产与其他有形固定资产的辨识要点是：超长的使用寿命、广泛分布的物理网络、覆盖整个政府领域（因此称为"基础设施"）的每一项资产即可标识为一项基础设施。与其他有形固定资产一样，基础设施资产通常在资产负债表中确认并以财务形式进行估值，由此产生的具体问题就是折旧处理。

基础设施资产通过使用折旧，如果以其他应折旧资产相同的方式处理基础设施资产，那么资产负债表中的账面价值也需折旧。但这里有一个普遍接受的替代方案，也适用于营利性会计。事实上第一个实质性接受替代方案的是英国供水行业，这一行业创立之初就被确立为受政府监管的行业。

折旧替代方案可以说主要是工程师对折旧偏好的选择结果，而不是会计师对折旧偏好的选择。计入运营报表的不是折旧费用，取而代之的是本年度基础设施资产的维护成本。维护成本可以是实际发生的成本，也可以是未来几年维护资产所需的平均成本估值。从工程学的观点来看，这些费用更加关乎基础设施资产的实际管理而不是折旧费。这些费用的主要会计问题是其可靠性，通常反映在基础设施资产的维护需求（至少达到其现有标准）以及要求管理系统（除会计系统外）实际使用运营报表中的费用来管理资产。英国政府和美国州与地方政府就是基础设施资产折旧会计替代方案的两个很好的例子。

第三个特殊的权责发生制会计问题与非交换交易有关，一般不适用于营利性会计，其中重要的实例就是政府之间的税收和转移。这种交易没有等价交换或近似相等的价值交换。税收就是一个明确的例子。税收收入的权责发生制会计的基本问题包括：首先，原则上是什么时候发生的个人所得税交易；其次，会计系统能否以合理的成本可靠地记录当时的交易。

所得税很好地说明了这两个问题。特定纳税人的税收是在纳税人取得收入时产生的，但政府的会计系统并不是在纳税人取得收入时即时记录收入。即使有这样一个系统可以做到从纳税人薪资源头扣除所得税，取得工资时的记录也不是政府的记录。许多其他形式的所得税，包括公司所得税也都涉及取得收入和政府记录收入之间的严重延迟。这意味着不能根据每笔交易来确定收入，只能周期性地进行确定，当周期从一年缩短到每一笔交易，近似度就会越来越高。

当交易发生时在实践中有两种主要的原则，但对年度税收进行统计估计时，或许将该原则搁置一边，以便解除纳税人的纳税义务。这两种可能性都有明显的问题，即使在以权责发生制为基础的财务报表中，收付实现制也可能仍然是典型的。

8.3 政策制定

英国中央政府和美国联邦政府保留各自制定自身会计政策的权利,尽管第一种情况是在咨询机构的帮助下,而第二种情况则通过咨询机构实现。这些现成会计政策汇编直接用于财务报表。但是这两个国家均没有用于各自政府整体预算的政策汇编。

英国政府的会计政策明显借鉴了国际会计准则理事会(IASB)关于独立私营部门机构的会计政策,同时选择对政府的有关政策作了修改,因为国际会计准则理事会的会计政策一直是为营利性组织制定而非政府。自从政府层面引入权责发生制会计(相关法律于 2000 年通过)以来,这些政策就明确借鉴了英国商业会计的政策,而在当时这就是会计准则委员会(ASB)的政策。继欧盟要求英国上市公司采用国际会计准则理事会的政策后,从 2005 年起英国中央政府就选择放弃借鉴商业会计政策而改为遵循国际会计准则理事会(IASB)的政策。美国政府则没有明确借鉴商业会计政策。

在财务会计准则理事会(FASB)、会计准则委员会(ASB)以及国际会计准则理事会(IASB)成立之前,商业会计方面的政策制定是由会计专业机构完成的。这些专业机构还直接参与颁布了国际公共部门会计准则(IPSAS)。这套政策汇编是由世界专业会计团体的联合机构——国际会计师联合会制定的。然而,政策制定过程明显是最大可能地保留国际会计准则理事会的政策,主要是通过弱化商业内容的引用,同时增加只与政府严格相关的主题。这套政策在英国和美国都没有正式地位。

唯一一个与独立的营利性组织直接平行的政府决策机构是在美国(在

美国是非营利组织)。政府会计准则理事会成立于1984年，与财务会计准则理事会（FASB）同属于一个组织，负责为州和地方政府制定政策。这些政策实质上并未明确声明借鉴了商业会计，尽管有时它们确实这样做了。

8.4 概念框架

独立的会计准则制定机构都有与其成套会计准则并行的概念框架项目，而这些项目就是在为企业制定准则的背景下应运而生，并且表现出极大的影响力。如果会计原则委员会（在美国成立于1959年）算是第一个会计准则制定者（因为到现在仍然是举世公认的且在它自己的一些声明中仍然适用），那么它的概念框架应是第一个。所有这些概念框架以及与其相关联的会计准则关系在本质上是相同的。他们都曾试图通过建立一套所谓的基本原则体系来改进和完善会计准则，从而使更为具体的会计准则可以自然地遵循或借鉴。这些概念框架现在越来越多地被视为标准制定者的自用框架，而不是直接由决策者使用。

他们都认为财务报表的目标就是其对于外部决策者的有用性，同时明确这种有用性的种种局限性，特别是这种有用性必须包括财务报表的可靠性。他们假设了一组所谓的决策者而且这些决策者还根据那些财务报表做出了一系列典型决策，同时包括财务报表要素的基本定义。实际上这些假设或推论明显存在问题，原则上决策者会有不同的需求，而概念框架除了假设"满足投资者需求也就会满足其他所有人的需求"外，无法调和任何预期差异（顺便提一下，如果将概念框架应用于解决任何指定公司的所有事务而不仅仅是其财务报表，这将很快变得难以为继）。其他共同点还有会计准则只涉及财务报表中的重要事项，而且概念框架总是自认为财务报表的益处应该大于编制报表的成本。

这些概念框架都是决策者关于"财务报表应当是什么"的声明，对比之下相关会计准则却在阐述"是什么"，同时希望这些准则能在实践中得到充分贯彻。从一开始这种对比或反差就成为一种持续的挑战。从根本上说就是因为他们所设定的决策有用性标准不可避免地导致这样的结论，即财务报表应该使用现值，而现有的一套准则在某种程度上使用了历史成本。例如，要确定5年前购买的厂房和设备的历史成本在资产负债表日期的决策有用性是非常困难的或者说是不可能的。就会计原则委员会的第一个此类概念框架而言，给委员会带来莫大的挑战。因此，概念框架被放弃，取而代之的是当时的历史成本。

此外，在诸多其他情况下当营利性会计中涉及更为具体的争议时，不管有无政府机构的支持，面对公司管理层偏爱的另一种替代政策，概念框架似乎都无法支持准则制定者执行其首选的会计政策。长期以来，会计决策固有的政治化倾向和准则制定者持续缺乏权力的情况使人们对这些概念框架的目的产生了疑问。

它们确实增加了会计标准制定者办公室的尊严和合法性，特别是在呼吁公众利益方面和含蓄地反对公司管理层私人利益方面，但这是一个站不住脚的判断。在其50年的历史中，它们的存在一直伴随着财务报表中现值应用的大幅增加，这应该是任何判断的积极部分。但是这一点也必须加以限定，因为公允价值的概念最近才占据了主导地位，而这一概念恰恰不是从概念框架中产生的，而是从至少50年来具体会计准则的小众、临时、矛盾的应用中出现的。事实上，关于"公允价值纯粹是由市场决定的价值"的认识与学术界的共识相矛盾，即"销售价格应扣除销售成本"，即使这些成本是由组织决定的。公允价值的采用仍然只是片面的，并没有全面的概念解释它应该禁用于哪些细列项目以及为什么不应适用。

从表面上看,这些概念框架的奇怪之处在于它们是在一套会计准则之后而非之前逐渐发展起来的。但是,尽管他们的目的是为具体准则提供"宪法",可他们还是常常必须面对预先存在标准的条条框框,即使这些标准早些年只是一些实践规范而已。每当建立一个新的机构时,设计一个概念框架似乎是合理的起点,但在任何情况下,新机构都不可能从一份全新的会计准则开始。

公共部门的会计准则制定者也开发了类似的项目,但迄今为止重要的项目仅仅限于美国。无论是地方政府还是联邦政府的政策,都没有公开对抗私营部门的概念框架,虽然它们有许多相同的基本要素,但它们自然强调不适用于私营部门的政府要素。它们不会将用户的需求压缩为一组占主导地位用户的需求,比如与投资者平行的用户,而且它们强调预算在财务报告中的重要性,对预算的任何参照仅限于财务报表,而非从预算本身出发。

在英国,采用国际会计准则理事会的准则作为各级政府会计的基础就可能意味着采用相关的概念框架。但是,无论中央政府还是地方政府,随后的权责发生制会计均未以概念框架为基础。或许最好认为迄今为止还没有这样的框架。

对于会计准则制定者、理论家来说,对于政府会计的概念框架来说,在确定"应该是什么"时,最紧迫的问题可能是:政府会计是否应该与营利和非营利会计不同以及如果不同,政府会计应该如何不同。就国际公共部门会计准则而言,根据国际会计准则理事会关于营利性的准则,这一问题的答案可能只会有很小的差异。许多级别不同却共同持有"政府会计应该迥然不同"观点的政府,也许应积极制定一个概念框架以成功对抗权责发生制的财务报告。

延伸阅读

1. Chow, D., Humphrey, C. and Moll, J. Developing whole of govern-

ment accounting in the U. K. [J]. Financial Accountability and Management, 2007, 23 (1): 27 -54.

2. Granof, M. Government and Not - for - Profit Accounting [M]. 5th edition. Wiley, 2010.

3. Grossi, G., Newberry, S., Bergmann, A., Bietenhader, D., Tagesson, T. Christiaens, J., Van Cauwenberge, P. and Rommel, J. Whole of government accounting: international trends [J]. Public Money and Management, 2009, 29 (4): 209 -218.

4. Heald, D. Value for money tests and accounting treatment in PFI schemes [J]. Accounting, Auditing and Accountability Journal, 2003, 16 (3): 342 -371.

5. Heald, D. and Georgiou, G. Consolidation principles and practices for UK government sector [J]. Accounting and Business Research, 2000, 30 (2): 153 -167.

6. Heald, D. and Georgiou, G. Whole of government accounts developments in the UK: conceptual, technical and timetable issues [J]. Public Money and Management, 2009, 29 (4): 219 -227.

7. Jones, R. and Pendlebury, M. A theory of the published accounts of local authorities [J]. Financial Accountability and Management, 2004, 20 (3), August: 305 -325.

8. Plummer, E., Hutchison, P. and Patton, T. GASB No. 34' s Governmental Financial Reporting Model: evidence on its information relevance [J]. Accounting Review, 2007, 82 (1): 205 -240.

9. Walker, R., Dean, G. and Edwards, P. Infrastructure reporting: attitudes of preparers and potential users [J]. Financial Accountability and Management, 2004, 20 (4): 351 -375.

第 9 章 审 计

审计的基本原理适用于所有组织，但是政府有其独特之处，如：审计独立性的定义；扩大的审计范围包括常规财务审计和绩效审计；内部控制和内部审计；对待重要性的态度；预算审计。

9.1 外部审计

自古以来审计都是政府会计的一部分。现代政府中审计师致力于为政府塑造独立、公开的观点。

审计师不可能提供一个完全独立的观点，最根本原因是审计本质上并不具备常规对抗性，审计师依赖于与被审计人的合作，仅此一项其独立性就会大打折扣。理论上可以想象，如果独立的政府观势在必行，就可以赋予审计师对抗的权力——放弃合作，从而产生更好的政府。但事关重大的是政府本身，政府不会把主权交给审计师。关于审计师被赋予的权力及他们所获得的独立程度，一直受到争议。在这一点上，他们与社会上的任何其他群体没有什么不同。他们所做的就是他们与众不同的地方。他们和会计师共享同一种货币——钱。但让他们与众不同的是，他们满足了对公共资金有独立看法的传统需求。

这种需求是常识性的，它设想了一种不依赖政府自身观点的政府观点，还设想了一种不依赖任何人观点的观点，即公正的、无偏见的、非政治的。这种需求是为了迎合一种事实上的独立观点，而且表面上也是如此。因此，期望有一种不受审计师个人偏见影响的观点，无论这些偏见似乎是源于损害审计师利益的情况，还是仅仅是审计师的心态。这种需求还希望观点尽可能以证据为依据，对政府有一个准确、可靠、客观、无党派、专业的观点。

当然，这种要求又是不现实的。在一些管辖区，要求政府官员直接向选民负责的要求甚至超过了这一要求，即审计师由一名政治家领导，其任务受特定的普选制约,这在美国是一种常见做法。然而需求无处不在,自然产生。在欧洲,让审计师倍感满足的是他们通常在审计法庭中享有司法或至少准司法地位,这也是私营部门专业会计机构的支柱。因为需求是长期性的,尽管在收入不足或财务丑闻等情况下会有起伏,而且由于无法满足全部需求,政府审计还是一直致力于提供独立的政府视角。

当然,这种独立性的本质是审计师独立于被审计方,无论是在政府、营利性或非营利组织的任何审计中都希望如此。但在主权政府中,独立还有第二个本质,这凸显了独立的重要性和固有的困难。

在主权政府中,被审计方是行政机关,审计师与行政人员分开。在国家一级(设有审计法院的国家除外),其领导通常被称为总审计长。在英国和美国,"主计长"一词仍在使用:在英国,其领导为主计长和审计长;在美国,是总审计长。这是中世纪英语,源于中世纪法语。它可能反映和巩固了办公室的尊严,但它不是一个在普通英语中使用的词。更重要的是,在这种情况下,其实质意义已经过时。过去,这意味着审计主管是内部财务控制(作为控制者)乃至执行部门的基本组成部分。在美国,这已不再适用;在英国,主计长职能在某种程度上仍然适用,但并不妨碍负责人与执行人员相互分离。各国政府审计师的通用术语是"最高审计机关"领导的"最高审计官"。

最高审计机关是依法设立并开展工作的。当然,立法机关代表公众行事。从表面上看,认为审计师也应该独立于立法机关是没有意义的,因为审计师是在审计公共资金,而作为公众代表的立法机关是主权权力机构。以此类推,对于营利性组织的审计,审计师也是独立于管理层的,所以更没有意义去争论审计师也应该独立于股东。然而,主权政府独立性的第二个本质就是审计师应该独立于立法机关。

原因是立法机关是政治性的,政治立场不是独立的。如果立法机关被执政党所控制，审计师如果依赖立法机关，就不能独立于被审计单位。如果立法机关被在野的主要政党所控制，审计师可以独立于被审计方，但不能视为独立于其他人的意见，在这种情况下，代表了占主导地位的政党的意见。如果立法机关不是由任何一个政党主导的话，它体现了其他政党偏袒、偏见和政治观点的体现，其中一些符合政府的观点，有些则不然。在所有情况下，都要求审计师对政府的看法超越政治视野。

在下级政府中，尽管需求相同，但背景有所不同。这些政府本身没有立法机构，尽管相关主权政府可能会产生不适当的影响，但是，主权政府也可以通过法律或法规，帮助加强审计师与其本国政治委员会的独立性。

对政府有独立看法的要求可以通过一种被称为外部审计的审计来满足，其主要意义是审计师不受雇于被审计方，而是由上级政府、政府机构或被审计方本身（正式或非正式）签订合同进行审计。在世界上大多数主权国家的政府中，这种"外部"很难。首先，它表明政府已经移交了部分主权，这是不太可能发生的，因为从某种意义上讲，政府审计师不是外部的，而是政府的一部分，即使在宪法将其与其他政府部门分开的情况下，比如美国联邦政府。其次，在中央政府中，提出了一个问题，即任何公民如何能够独立于该公民自己的政府之外。如果不了解审计的实际情况，一个可笑的回答就是政府审计师应该是外国人。

"外部审计"一词是恰当的，但在实际情况中包含了不同程度的独立性。外部审计师（未受雇于受审计方）不是受审计方内部系统的一部分。作为内部体系一部分的审计师是内部审计师，他们自然可以是受审核方的员工，但也可以签约履行服务，而不违反"内部"的含义。在内部控制制度中，他们也提供了独立的观点，这一点很重要。这种观点不可能具备外部审计的所有独立性，但可以有效地独立于最高管理层，并向政府负责人直接汇报。

通过审计独立性的核心定义（基于每个审计人员的心态），至少在形式上可以解决独立性需求与独立性总是在某种程度上受到损害这一事实之间持续存在的紧张关系。无论审计师的处境如何，都应该对受审核方和其他外部影响保持独立的态度，但是审计师有很多方面的情况会影响这种心态。在世界范围内极端但绝非罕见的情况下，政府审计师的生命面临危险；在不太极端的情况下，他们的生计受到威胁。心态可以是高尚的和鼓舞人心的，但审计独立性的架构需要更具体的基础。最终，当审计师得到公众更直接的支持时，这些基础就会更牢固。

政府审计中根深蒂固的妥协性包括：审计是政府的一部分；通常不是对抗性的；由政府支付；经常使用政府管理的房屋、设备和物资以及人力资源；与政府的价值观相同；在平衡投入、成果和效益，判断绩效方面也面临同样的困难。需要从以上这些固有依赖的情境中提取出独立的情况。

书面形式的审计委托书，包括书面审计标准都是必要的。将这一点与国际标准（国际最高审计机构组织或国际会计师联合会的标准）联系起来，会增加授权的合法性。国家法律将规定审计的最低报告要求（包括报告的时机和审计意见的性质），但独立性要求审计的计划、规划和实施由审计师负责。在常规财务审计中，这一点通常比绩效审计更容易实现，因为绩效审计会受到更强烈的政治利益的影响。

这些挑战在主权政府中尤为突出。审计师的预算显然是其中一个敏感方面，因为对于那些想减少审计活动的人来说，削减预算显然是一种手段。在困难的情况下，求助于立法机构和其他公众是审计师保护自己的方式。拒绝访问场所、人员和记录是损害独立性的另一种方式，而且特殊困难在于，在涉及安全的主权级别上，在审计师必须访问的敏感信息和过于敏感的信息之间划界限。审计师被免职是一个持续的威胁。审计师任期的条件是对长期、固定的任期（可能是退休年龄）的回应，而且免职程序类似于法官的免职程序。修改或取消审计报告的威胁是持续存在的。允许被审计方在报告发表之前对报告发表评论是一种传统做法,而且可能会损害报告的安全性,因此减少威胁的程序应考虑到这一点。

这些都是独立性少有的方面,常常会涉及宪法。审计准则也涉及审计师与其被审计方之间更为普通的关系。它们与营利性和非营利审计并无本质区别。审计标准通常要求两者关系良好,但不能太好,被审计单位在审计中不承担责任,任何审计师不得参与被审计单位的管理。

在下级的政府中存在的审计独立性,在营利性和非营利组织中并不常见,尽管审计师的任命一直存在争议。原则上,当审计师的任命不是由被审计方自己而是由政府机构任命时,审计独立性就更大。例如,英格兰地方政府和国家卫生服务局的地方机构的审计师是由一个国家公共机构组成的。这种独立性的增加取决于很多事情,并且如果实际效果是某个审计师对某个被审计方审计了数年,那么这种独立性可能并不重要,但是值得特别关注。

9.2 常规财务审计

政府的外部审计分为两大类:常规财务审计和绩效审计。这两类审计在营利性和非营利组织的外部审计中具有相似性。事实上,财务报表审计作为常规财务审计的一部分,在所有组织中都很常见,但这两类审计在政府审计中都具有各自鲜明的特点。

财务报表审计是常规财务审计的一部分,是审计中最为突出的部分,在定义上也最具同质性,是专业会计机构工作的核心。虽然财务报表审计是由法律和政府本身确定的，但往往会以这些会计机构的声明为依据，其方法和结果都有非常详细的定义，只在术语上作了微小的改动，以适用于国际上的营利性、非营利组织和政府。这种同质性体现在它们都是把方法和结果纯粹作为技术、财务事项列报。财务报表审计每年进行，涉及政府内所有报告实体的年度财务报表。

财务报表审计的最终结果是审计师（当强调只有一个人的意见时，则为单一审计人员意见）对通用财务报表是否公平地陈述其旨在表达的意见以及是否符合与财务报表有关的法律的意见。这些意见与财务报表一起公布，清晰地表述与财务报表的相关性，同时明确指出可能包含在财务报表中但与这些意见不相关的其他信息。这些意见以模式化的英文提出，并根据管辖范围的不同而进行了更改。在特定的语境中，公平地陈述可以表述为"公平地呈现""真实公正地看待"和"恰当地呈现"。公平地陈述现在通常表示为甚至仅限于符合一套特定的会计政策。

财务报表审计只能发表意见，不能提出事实依据。无论审计师是否选择在较低程度上依赖政府的内部控制，审计都始终依赖于政府的内部控制。但这些意见涉及两种不同的会计信息。一是事实问题，包括交易的记账记录，与银行对账单进行核对。二是自己的意见，包括收入、费用、资产、负债和现金流的年度合计、计量和估值（或不同的术语，根据所采用的会计基础而定）。在任何会计基础上，审计师的意见均与交易记录密切相关。意见超出交易记录的程度取决于会计基础。在权责发生制的基础上，审计师的意见比在纯收付实现制会计基础上的意见要大得多。

长期以来，财务报表审计一直是政府审计的一个重要组成部分，但常规财务审计作为另一部分则历史更为悠久。关注交易记录和交易本身是否正确，支出和收入的允当性、资产保护和负债的适当性以及记录的准确性和全面性，都是在公共资金的背景下进行判断的。"廉洁"一词将这些交易记录的"适当性"提升为"完整性"。允当和廉洁意味着交易记录无错误、无欺诈，交易本身无奢侈、无浪费。

允当和廉洁与营利性组织紧密相关，甚至可以通过法律强制其执行，例如所在国可以通过法律剥夺营利性组织在国外交易中被定性为腐败的东西，而营利性组织常常将这些东西纳入盈利收益的总体目标中。对于政府（当然还有非营利性组织），允当和廉洁必须明确规定，否则以任何理由将其纳入都异常困难。法律会明确规定政府内部所期望的允当和廉洁，审计师的作用是对交易是否合法给出意见。

除了审计允当性和廉洁性的悠久传统外，政府的常规财务审计还包括现代政府长期以来实施的关于交易是否符合预算的审计。在许多政府中，预算也将由法律授权，审计同样要就交易是否符合法律这一方面提供意见。

这些常规财务审计的核心部分每年都要进行，涉及每个政府内部所有报告实体的通用年度财务报表。此外，审计师还提供许多关乎财务和常规事务的其他服务，这些服务可能是临时性的，仅涉及财务报表、报告实体、政府的某个部分。这里有些服务被称为审计，但有时为了强调会使用不同的术语，因为尽管审计同样是由审计师进行的，但审计师提供的保证水平低于核心常规财务审计所提供的保证水平。在美国，术语的精确性最为明确，行业标准使用"认证"来指代低于"审计"的保证水平，在认证标准中，"财务报表审查"的指代级别要低于"财务报表汇编"。各级政府中，审计师通常提供的其他财务和常规服务包括：上级政府补助金申请核实；内部控制体系的单独报告（而不是作为财务报表审计的一部分）；合法性和合规性的单独报告（而不是作为财务报表审计的一部分）；预算报告。

常规财务审计的全部内容都与政府的绩效判断重叠。如果不对政府的持续经营状况发表意见,就无法对基于权责发生制的财务报表发表意见,而政府的持续经营状况从严格意义上来说是一个绩效问题。严格地说,如果不对成果和效益发表意见,就不可能对允当性或廉洁性发表意见。法律可能试图将常规财务审计简化为一套书面标准,这样就不需要审计人员发表更广泛的意见,但并不能完全成功地减少政府规则不断变化的复杂性,这就需要绩效审计直接关注经济性、效率性和效果性。

9.3　绩效审计

政府外部审计的第二大类涉及对成果和效益的审计,包括绩效审计(也称为经济、效率和效益审计,或货币价值审计)。这类审计在营利性和非营利组织中非常常见,但作为咨询活动是根据组织自身的要求而进行的。在政府中,每一个政府组织都需要不断地进行绩效审计。绩效审计不可能在政府的各个方面持续进行,因此只是部分政府部门每年都要接受绩效审计。审计内容和时间由审计师确定,而不是由行政部门或立法机构确定,但通常会出现这样的情况:公众对政府活动的争议非常强烈,以至于审计师实际上别无选择,只能对特定争议进行绩效审计。绩效审计报告没有标准的格式,是向立法机关或其他负责治理的机构提出的,但通常在报告发布之前至少给被审核方发表评论的机会。

绩效审计在政治上非常敏感,而常规财务审计通常不是这样,因为常规财务审计在很大程度上已经沦为技术、财务问题。绩效审计必须是对财务事项的审计,因为绩效必定包括具有经济意义的成本,但也必须是对非财务成果和效益的审计,最终,对政府的政策提出质询。绩效审计的需求是出于对政府绩效独立看法的需求，涵盖了政策及其执行的经济性、效率性和效益性。这一需求终究不可能满足于政治之外的东西，这样绩效审计人员会不可避免地成为政治斗争的一部分，尽管要求审计人超脱于此。

在那些不能让审计师质疑政府政策的政府中（可能是在世界上大多数国家），绩效审计的方法是通过将政府政策视为既定政策（而不是公开质疑这些政策），然后判断其经济性、效率性和有效性来解决这一矛盾。此外，在这些政府中，绩效审计任务可以将审计师的判断局限于政府组织本身是否有良好的控制体系，这些体系明确包括政策的确定、执行和监督，从而避免了审计师需要输入自身对绩效的判断。

独立审计的当务之急至少是要准确、有依据、可靠、客观。在常规财务审计中，根据其关注焦点的性质，可以更自然地实现。绩效审计的最终焦点是政治观点问题，因此，原则上难以实现客观性。实际上，在每一项具体的审计中，往往是通过关注范围更窄、更可衡量、更具技术性的绩效问题来实现的，从而避免更广泛、更定性、更具政治性的问题。在错综复杂的政府中，从来都不缺少这样的问题需要解决，例如采购行为、员工重复劳动和其他毫无目的的工作、闲散、人浮于事、效率低下、腐败等问题。同样，绩效审计可以涉及会计制度等制度，侧重于相关费用的界定、报告的及时性等技术问题。所有这些问题最终都能吸引政治支持，但将绩效审计报告通常指出的明显弱点分开来看是有用的。

当绩效审计包含更广泛的绩效问题时，专业会计和审计技能还必须辅以其他专业技能。审计师的常识可以补充但不能代替士兵的理解、教师的理解、工程师的理解、人力资源经理的理解、营销人员的理解。一方面，绩效审计团队即使拥有多种技能，也不一定能成功应对跨学科理解绩效时面临的挑战，因为这还依赖团队协作。尽管如此，该团队是跨学科的，这一事实应该为政府提供更多的联合观点，以对抗根深蒂固的派系、组织对绩效的看法。

在缺乏绝对的成功衡量标准的前提下，绩效审计只有充分利用现有资源。标杆管理成为一种常态，因为比较无处不在，既有时间又有空间维度上的比较对象，前者如前期绩效，后者如政府内部的可比单位、组织单位、规划项目以及政府外部的可比单位、规划项目，其中就包括私营部门，并且以同种方式生成预定标准。标准是必需的，但是绩效结论从来都是不固定、不确定的，争议一直存在。

各级政府组织的绩效审计可以打破组织界限以提供绩效报告的依据。审计工作中固有的绩效比较需要这种处理方式。当存在很多相对同质的组织可供比较时，如地方政府和行政辖区内的地方当局，这些报告最有用处。报告并不由绩效审计师自己编制，至少不是以审计师的身份，而是由一个监管机构或更高级别的政府机构编制。与绩效审计相比，绩效比较更具优势，依据所用资源，比较的范围越广，可提供的观察对象越多。其结果经常采取"晒真相"的方式指出表现最差的组织如果能像表现最好的组织一样执行可以改进多少。此类特定报告的实质似乎与审计师对组织所做的绩效审计报告没有什么不同，特别是与其他组织进行比较时，两者都是相同的，但原则上是不同的：绩效审计报告依赖一个组织的信息，在某一点上报告，并辅以比较；而依赖于比较的绩效报告是统计报告。两种报告的相关性和可靠性必须区别对待。

9.4 内部控制

常规财务审计以及绩效审计依赖被审计方的内部控制制度。这些审计基于风险评估判断内控制度的实力,再根据评估结果判断需要做多少额外的审计工作。当审计师判定内部控制很强时,他们的意见会更多地依赖于内部控制;当内部控制薄弱时,他们对内部控制的依赖就会变少。原则上,内部控制制度涵盖组织所做的一切,包括所有活动的规划、执行和监督。制度所能处理的因素仅仅局限于组织控制内部,组织外部各方可以提供有关内部控制的有用信息,并促成组织目标的实现。但内部控制是核心,内控最广泛的形式就是政府管控。预计将以书面形式进行描述,并尽可能多地进行产出计量,以适应更好的管理。

内部控制制度(即会计制度)的传统关注点与常规财务审计一直是相同的:一是保障财政资源不因浪费、滥用、管理不善、错误、欺诈和其他违规行为而遭受损失;二是遵守金融资源的相关法律、法规和管理指导;三是有准确的交易记录;四是及时编制中肯可靠的财务报告,包括公平列报的通用审计财务报表。

在所有这些事项中,货币和货币计量占主导地位,这使内部控制制度的这些方面自然适合正式成文的管理控制。

长期的检查预防控制措施包括:订购、接收货物和服务,处理付款、退款的授权程序;处置资产的授权程序;为授权、处理、记录和审查财务交易的人员划分职责,并对所有人员进行适当的监督;管控财政资源的获取,包括收款和付款程序;管控财务记录;财务平衡的系统验证;系统的财务对账,包括银行对账;系统的财务报告以及确保合规和公平列报的制度,尤其是在基于权责发生制的外部财务报告方面。

近几十年来,无论是在营利性组织、非营利组织还是政府中,以会计制度为基础的狭义内部控制已经扩展到包括管理控制的各个方面。这其中一个重要的推动力来自世纪之交的商业丑闻。无论原则上还是在实践中,通常将内部控制定义为从最高管理者的理念和风格出发,通过组织结构

（通过在内部分配权力和责任，包括如何下放权力和责任以及在管理的各个方面都进行适当报告）来实现，包括人力资源政策和规范。政府内部控制的这种观点自然包含了绩效审计最终关注的成果计量和效益。

外部审计师并不是唯一对内部控制制度负有明确责任的审计师。内部审计师也可以通过审计和保证委员会提供独立于最高管理层的观点，向管理层负责人直接汇报。内部审计师和管理层负责人对内部控制采取风险管理办法，向董事会报告政府机构的潜在风险和风险管理情况。

无论这些内部控制制度多么强大，在任何一个政府中，永远都不能完全依赖内部控制制度。人们会犯错，可以通过两个或两个以上的人在政府内部和外部的勾结来规避控制，而管理层可以凌驾于书面控制之上。此外，任何内部控制制度的设计中，在更多的控制和更好的服务之间都存在一种根本的紧张关系。组织的存在不是为了被控制，而是为了提供服务。控制对于组织的存在是必要的，但不是充分的，控制的数量和种类总是很难确定。公共资金内部控制反复出现的一个问题是，人们对控制和更好的服务之间的权衡往往缺乏宽容。公务员的差旅费和招待费及其薪金，往往必须受到营利性组织无法想象的那种严格管制，而不论管制对其提供的服务有何影响。用官方信用卡支付公务午餐费用在营利性组织和政府中可能很普遍，但在政府中撤销这些信用卡可以避免太多的财务丑闻。

因此，内部控制制度本身并不是为了提供绝对的保证，而是为了合理地保证政府正在努力实现其目标，而无论这些制度的目标是狭义的还是广义的。此外，审计师对内部控制只进行基于风险的评估，不会检查每一个细节。因此，他们对内部控制的评估也不能提供绝对的保证，而只能提供合理的保证。

内部控制制度的扩大，即从会计制度的狭义财务控制扩大到包括政府管理控制的所有内容以及随之而来的成果计量的普遍性，这给我们所有人提出了一个基本问题，即信息系统在生成和存储非财务数字方面可以像财务数字一样可靠。会计制度中固有的对财务平衡的种种核查和最终银行对账不都能完全用于非财务数字。这表明，审计非财务数字将需要对这些数字本身进行更多的测试（除了这些数字的控制制度之外），尽管在越来越多地使用非财务绩效衡量标准时是否普遍了解这一点的含义或许还不清楚。

9.5 重要性原则

一方面，所有会计和审计所依据的政府交易记录必须全面；另一方面，从记录提取的财务报告、与记录相关的内控报告以及有关的审计意见都是以具体记录为基础得出的抽象概念，它们面临一个共同的挑战就是如何从复杂的细节中提取中肯可靠的内涵。幸亏信息革命的持续发展保证了更好的解决方案，为外部用户提供了直接查阅记录的便利，同时旧的方法仍然并存。重要性概念的使用就是一个重要的例子。

重要性原则出现在会计和审计中，为工作人员提供了一个更为具体的名称，便于会计师或审计师利用自己的专业判断来判定报告中的重要事项。财务报告以综合记录为基础，并根据具体报告加以界定；也就是说，通用财务报表必须包括本组织的所有记录，尽管专用报告的全面性的定义往往更狭窄。但报告仅详列判断为重大的事项；适用的会计准则仅适用于重大项目；内部控制保证仅涉及重大项目，包括对重大项目的审计意见；关于合规性和公正性的审计意见仅涉及重大方面。

在20世纪下半叶，随着会计师和审计师的工作越来越有争议以及随后的会计和审计准则的出现，对重要性的专业判断的明确诉求自然出现了。在早期阶段，重要性在其他方面是无法确定的，这恰恰意味着纯粹的判断问题是重要的。大多数情况下在政府和私营部门，这仍然是一个判断问题，监管者和其他准则制定者在给出更具体的定义时却忸怩作态，尽管原则和实践规范的潮流明确要求为这些判断提供客观参照。这种忸怩作态是可以理解的，如果只是因为公布一个定义，就有助于欺诈者掩盖他们的欺诈行为，在财务术语（例如，1,000英镑或以上的交易）中提供一条"明线"，低于这个界线就取消实质性测试。重要性的量化指标是设定的，但这些指标是通过参考定性评估来对冲的。

典型的重要性量化指标自然来自财务报表中的基本汇总：收入、费用、资产、负债和现金流（或反映不同会计基础的不同术语）。收入和费用的重大项目可以定义为包括超过总费用 x% 的任何项目；重要资产是指超过总资产 x% 的任何资产。政府的不同部门可以采用多种指标，特别是在涉及专用财务报表或审计意见时。

这些量化的财务指标有两种对冲方式。首先，强调这些附带细微差别的指标可能会产生误导。例如，当资产负债表中很大一部分资产是由基础设施资产的估值构成时，大多数情况下采用将重要性定义为总资产百分比的做法来审计资产保障是没有用的，因为基础设施资产被挪用的可能性要小得多。其次，附带的资格证书强调在处理公共资金时，存在一些不一定反映在货币金额上的敏感性。公务员的薪金、差旅费和招待费似乎又必须根据更严格的标准来判断，尤其需要强调的是，对政府审计师的审计最好对其费用的重要性规定一个较低的门槛。

关于重要性的指导相对于其重要性而言很小，其中大部分涉及通用财务报告。其他情况下甚至更少，有时甚至不存在。后者的一个明显例子是绩效审计，其中对非财务事项的权重降低了量化财务指标的相关性，并且由于指标的特殊性，关于非财务指标的量化指导可能会更加不同，抑或受限。另一个例子是通俗性报告，再次因为本质决定，涉及从交易的原始凭证中提取更高层次的内容；重要性必须在信息与非专家受众的相关性和对潜在复杂性的轻描淡写之间达成非常困难的平衡。

即使按照大多数政府会计和审计问题的标准，重要性也是一个深奥的问题，要留给会计师和审计师来定义。然而这也是一个表现会计和审计概念重要影响力的好例子，正因为如此，这一概念也很容易引起争议。典型的规范性问题如下：既然财务报告是面向外部用户的，那么这些外部用户不应该定义重要性吗？在实践中，换句话说，既然政府的这些外部用户主要是立法机构或其他政治委员会，那么这些政客不应该定义重要性吗？在实践中，会计师和审计师对重要性的定义是由外部用户在回顾重大财务丑闻后的定性判断。

9.6　预算审计

预算编制是合理规划、执行和监督周期的核心部分。全面问责制要求预算周期的所有阶段都公开透明。既然没人怀疑审计对此的绝对必要性，同时实际财务报告全都接受审计，那么所有其他阶段也要求接受某种形式的审计。

这个论点之所以合理有两点值得强调。第一，在这个周期中，政治家和公众的利益压倒性地倾向于预算，这是周期中外部最相关但也是最不可靠的点。第二，增量预算的年度周期很容易就能从原始预算转到原始预算，即使借助修订预算，也无法通过与实际结果的显性比较而固定。要是再没有审计，无论是因为申请太多还是申请太少，或者仅仅是弄错了预算，其偏差范围都会很大。

另外，针对这些论点还有一个明显的反对意见，那就是预算审计的保证水平永远不能等同于实际财务报表审计的保证水平。财务报表同样依赖于观点，但是支撑这些观点的基础是可以查证的交易记录，而预算并不具备这样的支撑基础。应对这一异议的常见做法是规定预算审计所能提供的最低保证水平，同时将术语从"审计"改为"保证"。

预算的两个要素——目标和预测，其处理方式各不相同。但在每一种情况下总体方法还是相同的，即对预算的内部控制进行评估，对预算的假设进行评估，对规则和准则的遵守情况进行评估，报告发布。

预算审计的身影可以说无处不在，如私营部门有预算审计，首次公开募股也要预算审计，但预算审计常常缺席系统的年度常规财务审计，这仍然是实务上理性控制的最根本弱点。

延伸阅读

1. Bourn, J. Public sector auditing, Chichester [M]. Hoboken: Wiley, 2007.

2. Clark, C., De Martinis, M. and Krambia - Kapardis, M. Audit quality attributes of European Union supreme audit institutions [J]. European Business Review, 2007, 19 (1), 40 – 71.

3. Flesher, D. and Zarzeski, M. The roots of operational (vfm) auditing in English - speaking nations [J]. Accounting and Business Research, 2002, 32 (2): 93 – 104, with a response by Funnell, W. 2004, 34 (3), 215 – 222.

4. Gendron, Y., Cooper, D. and Townley, B. The construction of auditing expertise in measuring government performance [J]. Accounting, Organi-

zations and Society, 2007 (32): 101 – 129.

5. Ijiri, Y. On budgeting principles and budget – auditing standards [J]. Accounting Review, 1968, XLIII (4), October: 662 – 667.

6. Mayper, A., M. Granof and G. Giroux An analysis of municipal budget variances [J]. Accounting, Auditing and Accountability Journal, 1991, 4 (1): 29 – 50.

7. Miller, P., Kurunmäki, L. and O.; Leary, T. Accounting, hybrids and the management of risk [J]. Accounting, Organizations and Society, 2008 (33): 942 – 967.

8. Pendlebury, M. and Jones, R. Budget auditing in governmental organisations financed by taxation [J]. Journal of Business Finance and Accounting, 1983, 10 (4): 585 – 593.

9. Power, M. The audit society [M]. Oxford University Press, 1997.

10. Skærbæk, P. Public sector auditor identities in making efficiency auditable: the National Audit Office of Denmark as independent auditor and modernizer [J]. Accounting, Organizations and Society, 2009, 34 (8): 971 – 987.

11. White, F. and Hollingsworth, K. Audit, accountability and government [M]. Oxford: Clarendon, 1999.